ars vivendi ®

Klaus Schamberger
Mein Franken-Buch

Geschichten und Gedichte

ars vivendi

Originalausgabe

4. Auflage März 2019
© 2016 by ars vivendi verlag
GmbH & Co. KG, Cadolzburg
Alle Rechte vorbehalten
www.arsvivendi.com

Umschlaggestaltung: ars vivendi, unter Verwendung eines
Motivs von Toni Burghart (© Toni Burghart Erben)
Typografie und Ausstattung: ars vivendi
Druck: CPI books GmbH, Leck
Gedruckt auf holzfreiem Werkdruckpapier
der Papierfabrik Arctic Paper

Printed in Germany

ISBN 978-3-86913-642-4

Inhalt

Vorwort   9

Mein Franken
Franken   12
Hegel, die Weltseele und der Wurm   15

Wie wir reden, denken und vergessen
Wie es Mostviel einmal nicht zur Weltgeltung geschafft
hat oder Die beste Stadtwurst der Welt   20
Hochteutsch   23
Fränkischer Frohsinn   26
Ein Walk durch die Bodschamber Street   29
Rote Liste (Lingua Franconica)   32

Essen und Trinken
Ein fränkisches Gastmahl: Stadtworschd-Stopfer   38
Das große Freuen   41
Das fränkische Wirtshaus im Wandel der Zeiten   44
Wir bauen uns eine Hüpfburg   47
Hoch über Georgensgmünd   49
Auch der Kloß hat eine Seele   52
Requiem auf das Gunzenhausner Braustübla   55
Rohe Heringsschnerbfl   59
Der flüssigste Beruf der Welt   62
2. Diplomarbeit zum Fränkischen Bierfest   65
Fränkische Weltraumtomaten   68
Die Grill-Barddy   72
Liegt Göttingen in Franken oder in der Oberpfalz oder wo?   76
Brüssel, Brezen und der Bananen-Kühn   80
Der Schnitt   83
Fünf Seidlein sind fünf zu viel   86

Die Grill-Barddy II 90
... dann lieber doch nach Sommerach 93

Menschen

Die drei Volldeppen von Bieberach 98
Der Knapp'n Schorsch 102
Der Extrem-Franke unterwegs 108
Eines Tages im Zug nach Ebermannstadt 111
Der Wafflbeck 114
Im Namen des Herrn 117

Im Lauf der Zeit

Nürnberg 122
Die Schnakenkreuzler von Gräfenberg 129
Brüderlich vereint 132
Vier Seidla Buttenheimer 135
Edz werd's Dooch 138
Vorra und so weiter 143
Nicht für die Schule lernen wir, sondern für nix
und wieder nix 147
Ein evangelischer Kulturgreis 150
Söderla, willsd a Fodzn? 153
Lauter Verleumdungen 156
Allmächd naa! 159

Nürnberg und Umgebung

In Jobst war die Grenze 164
Wo liegt Paderborn? 167
Das Eisenbahnergärtla 170
Weinzierlein ruft 173
Glück und Glas und die Deppen von der Post 176
1300 Jahre Frankenschnellweg 179
Die Wendelsteiner Radler-Schnalze 182

Namen sind Überschall und Rauch 185
Die Pulverisierung der Fränkischen Schweiz 188
Ochsenköpfe 191
110 Jahre Welträtsel 1. FCN 192
Babbligg Bfliedsching 195
Wir Kahlfresser 198
Das Kleeblatt hoch und Färdd bleibt Färdd 202

Die stade Zeit
In der Weihnachtsbäckerei oder Lieber nach Nuschelberg 208
Zipfelmützengipfel 211
Heilige Tage 214
Das Schönste auf der Welt 218
Kommt jetzt das Ganzjahres-Griskindla? 221
Weise Weihnachten 224

Mei Weld in am Gedichd
Rot und Weiß 228
Die Vorstadt 229
Eff Zee Enn 230
Mei Windräädla 231
Aschermittwoch 231
Abendlied 232
Sommer 232
Herbst 233
Urlaub daheim 233
Wetterbericht 234
Ein Weihnachtsgedicht oder: Patrona Franconiae 234
Silvester 235

Textnachweis 236

Vorwort

Ein Vorwort ist eine schwerwiegende Sache, die man sich ohne Weiteres auch klemmen kann, weil es sowieso keiner liest. Meistens verpflichtet man für die in der Regel kostenlose Herstellung von so einer Präambel einen möglichst namhaften Kollegen, der – aus von ihm selber in keiner Weise nachvollziehbaren Gründen – eines Nachts, von sieben Stück Freibier in die Enge getrieben, sagt respektive mumpfelt: »Also, gut.« Auf derart erzwungene Vorworte lauert der Empfänger etwa ein bis zwei Jahre. Wer die Pegnitz kennt: In dieser Zeitspanne läuft in unserem womöglich schönstem fränkischen Flüsschen verhältnismäßig viel Wasser nunter über Mosenberg, Ranna nach Neuhaus und weiter durch Velden, Güntersthal, Lungsdorf, Rupprechtstegen, Artelshofen, Vorra, Alfalter, Eschenbach, Hohenstadt, Hersbruck, Reichenschwand, Lauf, Laufamholz, Wöhrder Stausee, Nürnberg, Fürth und dann ab in die Nordsee. Das Wasser tut sich beim Hinablaufen ziemlich leicht, im Gegensatz zum Verfasser eines Vorworts beim Schreiben desselben. So ist es verständlich, dass ich niemanden gefunden hab, der was unglaublich Schönes, Geschmeidiges und Majestätisches über mich hinschreibt. Unter anderem hab ich auch deswegen niemanden mit dem Hang zum Lobpreisen gefunden, weil ich niemanden gesucht hab. Und warum jetzt, nach diesem zwangsläufig eigenköpfig erdachten Vorwort, noch an die 280 Seiten Text über *Mein Franken* kommen, hat zwei Gründe: Erstens ist Franken meine Heimat, die ich – herkunftsmäßig möglichst bunt – sehr mag, und zweitens hat mich Herr Norbert Treuheit vom ars vivendi verlag buchstäblich (und leider ohne die oben erwähnten sieben Seidlein Bier) unter

9

Druck gesetzt, Geschichten aller Art aus den letzten Jahr-zehnten bei ihm möglichst zeitnah abzuliefern. Durch-gängiges Thema: Bfobfern, Brozzln, Gaafern, Mumbfln, Soddern. So, jetzt ist das Vorwort gar, und Sie können mit dem Lesen langsam anfangen. Eine gute Nacht, Ihr

Klaus Schamberger

Mein Franken

Franken

Wenn abends einige kaum ersichtliche Mittelgebirge auf der Wetterkarte auftauchen, meist ohne Starkregen, ohne Monsun, Tornado, ohne Schnee oder Hagel oder Erdrutsch, mit kaum einem Steinschlag, ohne Schroffheiten und Katastrophen – dann sind wir gemeint. Die südliche Rhön, ein Trumm vom Spessart, Fichtelgebirge, Frankenwald, Haßberge, Fränkischer Jura, Fränkische Schweiz, Steigerwald, Wichsenstein, Glatzenstein, Hohenstein, Hesselberg, Moritzberg, Hasenbuck, namenlose Maulwurfhügel und so weiter. Die fränkischen Erhebungen: alle Auslaufmodelle. Die fränkischen Täler fast so hoch wie die Höhen. Und droben auf den Höhen und drunten in den Tälern leben wir. Die sogenannten Franken. Mit uns Franken ist es herkunftsmäßig kompliziert bis dorthinaus. Höchstwahrscheinlich stammen wir der Reihe nach vom Urknall, vom Geißeltierchen, vom Affen und anschließend von Adam und Eva ab, mentalitätsmäßig aber entschieden von Kain und Abel. Eine schöne Zwietracht hammer zum Beispiel zwischen: Fürth und Nürnberg, Aschaffenburg und Würzburg, Hof und Bayreuth, Greding und Thalmässing, Bamberg und Forchheim, Erlangen und Schwabach, Lauf links der Pegnitz und Lauf rechts der Pegnitz, Herzogenaurach und Höchstadt, Fichtelgebirge und Frankenwald, Mainfranken und Bierfranken, Mineralwasserfranken und Schnapsfranken, um nur einmal einige wenige Gegensätze zu nennen.

Aber wieder zurück zum Abstammen. In Berlin halten sie uns für Bayern, in Oberbayern für Unterbayern mit preußischen Wurzeln, beim Sachsenschlächter Karl, dem sogenannten Großen, sind wir als östliche Ostfranken in die Geschichtsabschreibung eingegangen, dabei waren wir damals ein ganz normales, herkömmliches

Gschwarddl bestehend aus Böhmen, Slawen und Thüringern. Anschließend haben wir einen fränkischen Reichskreis gebildet, aus welchem später der Napoleon eine Achterbahn zammgschraubt und uns 1806 dem baldigen Königreich Bayern zugeordnet hat. Seitdem heißt es in Altbaiern mit »i«: Man muss Gott für alles danken, selbst für Ober-, Unter- und Mittelfranken.

Dazu gschwind noch die Anmerkung, dass ich schon lang aus dem Alter raus bin, in dem man Bayern, Franken, Schwaben, Oberpfälzer, Indianer, Afrikaner und so weiter jeweils für die besseren Menschen hält. Es geht mir zwar nicht am Arsch, jedoch ganz gewiss am Kopf vorbei, ob jemand aus Dasing, Hiesing oder Dorting ist. Entweder ich mag jemanden oder nicht. Völkische, immer noch im braunen Odel rührende Herrschaften mag ich bis dorthinaus überhaupts nicht.

Volksstammesmäßig gibt es uns gar nicht. Geografisch und aus hoher Höhe auch nicht. Nur wenn man es wagt, der Erde sehr nahe zu kommen, erkennt man uns zunächst als Muggnschiss, dann als ein einigermaßen gleichunterschenkliges Dreieck, Spitze in Richtung München, mit den Eckpunkten Niederpappenheim, Kleinostheim, Oberkotzau. Bei noch näherer Annäherung sind wir ein Fleckerlasteppich mit ungefähr vier Millionen Einwohnern, vier Millionen verschiedenen Dialekten, vier Millionen eigenen Süppchen. Was uns manchmal eint, ist, dass wir kein hardes »D« und kein hardes »B« wie »Baula« aussprechen können, und beim fränkischen »L« die Zunge aus unserem sonst stets geschlossenen Mund rausschnalzen lassen wie ein durstiges Russla. Ein Russla ist ein nicht ganz reinrassiger Hund.

Man sagt uns Hiesigen nach, dass uns ein großer Erfindungsgeist durchströmt, hier sind der Lachsack und der

MP3-Player erfunden worden. Weiterhin durchströmen uns der Main, die Pegnitz, Rednitz, Rezat, schwäbische und fränkische Rezat, Altmühl, Saale, Wiesent, Tauber, Schwarzach, Fischbach und an Weihnachten sehr viele Japaner, welche mit Vorliebe unsere von Zipfelmützen gekrönten Gniedlasköpf fotografieren. In einigen dieser Gniedlasköpf schlummert seit Jahrzehnten der sehnliche Wunsch, dass wir baldmöglichst ein von München befreites, eigenes Bundesland Franken bilden. Also endlich die Rückkehr in die gute alte Zeit der Völkerwanderung.

Eine beträchtliche Untersuchung unseres fränkischen Daseins ohne ein schönes Zitat am Schluss wäre sehr unbeträchtlich. Infolgedessen möchert ich es mit einigen wunderbaren Sätzen beenden, verfasst vom immerwährenden Kaffeehaussitzer und von den Nazis vertriebenen Exil-Nürnberger Hermann Kesten: »Die Fränkische Schweiz war eines der Paradiese meiner Kindheit … Ich setzte mich auf mein Rad und fuhr den ganzen Tag an den Ruinen vorüber, und an den fränkischen Steinzeitbauern, und durch die Städte Forchheim und Erlangen, und als ich endlich müde und staubig nach Hause kam, legte ich mich in mein Bett, und meine Mutter kam zum Gutenachtkuss und sagte: ›Aber mein Kind, du weinst ja …‹«   *(1997)*

Hegel, die Weltseele und der Wurm

Jeder braucht zum Leben jemanden unter sich. Sonst weiß er ja nicht, dass er oben ist. Wenn man in München gar nicht mehr weiterweiß bei der Herstellung des eigenen Wohlbefindens, dann holt man sich seinen Knalldeppen aus Franken. Auch kein Wunder. Die rotweiße Demarkationsfahne ist ausdrücklich kleinkariert, alle fünf Kilometer spricht man einen anderen Dialekt, in Nürnberg hat man die Rostbratwurst heiliggesprochen. Hier ist – davon ist die ganze Welt fest überzeugt – der Quell einer braunen Odelbrüh, der Faschismus, entsprungen, hier läuft das Bier direkt durchs Hirn. Je mehr dicke Bücher über die Großartigkeit fränkischer Würdenträger verfasst werden, desto mehr muss man über die Nordbayern lachen. Wer sich wehrt, hat Dreck am Stecken. Im Jahr 1806 hat alles begonnen. Damals hat sich der Herr Kaiser von seinem Heiligen Römischen Reich deutscher Nation vorübergehend verabschiedet, der Revolutions-Tribun Napoleon hat die Revolution erneut revolutioniert und das Land neu eingeteilt, und die vollkommen bankrotte Stadtrepublik Nürnberg samt dem auch nicht gerade prosperierenden fränkischen Kreis ist feierlich dem neuen bayerischen König zugefallen. Ein gewisser Georg Wilhelm Friedrich Hegel war damals in Nürnberg Lateinlehrer. Er hat über den eigenäugig gesichteten Napoleon seinerzeit philosophiert: »Ich habe an mir die Weltseele vorbeireiten sehen.« Kurz danach ist infolge verschiedener Verfügungen der Weltseele vom bayerischen König in seiner neuen, abbruchreifen Stadt Nürnberg ein Polizeichef namens Wurm inthronisiert worden. Er hat im Namen der Weltseele und seines Münchner Stadtverwesers alles verscherbelt, was noch einigermaßen zum Rausschrauben, Abreißen, In-die-Luft-Sprengen oder sonst wie zum Pulverisieren gewesen ist. So schnell haben die Patrizier das Ihrige oft gar nicht auf ihre Landsitze wegtragen können bei Nacht und Nebel, dass es der neue Stadtsanierer Wurm nicht erwischt und nach München gebracht hat. Sogar die ganze Stadtmauer hätte den Weg ins gelobte weißblaue Oberland antreten sollen, wenn sie im angenehmen Gegensatz zu Dürer-Bildern, Altären, Goldstücken, Reichskleinodien und anderem leicht liquidierbarem Geraffel nicht so unhandlich gewesen wäre. Aus diesem Jahr 1806 stammt die große Liebe der Franken zum Münchner Loden- und Jodel-Regiment. Und jenseits der Donau hat man es sogleich mit überschwänglicher Gegenliebe vergolten. Seitdem kommt die zwischen Isar und Pegnitz hin und her katapultierte Zuneigung nicht mehr zur Ruhe. Mal werfen die Landeshauptstädter den Franken ihre Maulfaulheit vor und die Unfähigkeit, harde Konsonanden zu schbrechen, mal mogiert man sich nördlich der Donau über die Münchner Maßkrug-Mafia, wo die Bärte nicht am Kinn, sondern oben aus dem Trachtenhut rauswachsen. Der Höhepunkt der bayerisch-fränkischen Freundseligkeiten war ungefähr in den Achtzigerjahren des letzten Jahrhunderts. Da haben ein paar hirngeröstete Radikalfranken ein eigenes Bundesland gründen wollen, und die gemäßigteren Eigenbrötler beziehungsweise Eigenbrösler haben frei nach Victor von Scheffel das Lied gedichtet: »Oh heiliger Veit von Staffelstein, hilf bitte deinen Franken, und jag die Bayern aus dem Land, wir werden es dir danken. Wir wollen freie Franken sein und keine Rucksack-Bayern. Das wär der Wunsch ganz allgemein, das wollen wir gern feiern.« Inzwischen ist die fränkische Freiheitsbewegung im Dunkel der Geschichte verschwunden. Die Franken haben jetzt auch jemanden, auf den sie herabschauen können, nämlich die Thüringer und Sachsen. Und der König von Bayern, Uli Hoeneß, kämpft in Nürnberg für die Unversehrtheit und den weltweiten Markenschutz der Rostbratwurst. *(2004)*

Wie wir reden, denken und vergessen

Wie es Mostviel einmal nicht zur Weltgeltung geschafft hat oder Die beste Stadtwurst der Welt

Eine schöne Sage hat meistens einen Wahrheitsgehalt ungefähr in der Höhe von zwei bis drei Wahlversprechen. Wesentlich höher als der Wahrheitsgehalt kann in beiden Fällen das Jahresgehalt sein. Beim Wahlversprechen nennt man es »Parteispende«, beim Volksmärchen spricht man zu Recht von einem Sagenschatz. Er beträgt nicht selten Hunderte von Millionen, etwa im Fall der berüchtigten Sagen-Inszenierungen von Bayreuth, Oberammergau, Salzburg, Bregenz oder Furth im Wald und so weiter.

All diese immer wieder gern von namhaften Persönlichkeiten besuchten Singspiele, Blut-Tragödien, Höllenspektakel sind von alten Sagen abgekupfert. Die Sagen ihrerseits sind wesentlich leichteren Urstoffes, nämlich voll aus der Luft gegriffen.

Bei den Zauberwörtern »Luft« und »Millionengewinne« – da verwundert es den Kenner von einschlägigen Mysterienspielen natürlich umso mehr, dass ausgerechnet der Luftkurort Mostviel, die Perle des Trubachtales, nur einen Ratzensprung von Egloffstein entfernt, einmal die große Chance vergeigt hat, Wallfahrtsort für Gottschalke, Ministerpräsidenten, Barone, Bundeskanzlerinnen, Bankbetrüger zu werden. Die Mostvieler haben es zwar probiert, aber es ist in die Hose gegangen.

Weil Folgendes: Wie jeder Historiker weiß, hat rund um Egloffstein zu Zeiten Kaiser Karls, bekannt geworden auch als die »Wandelnde Schlachtplatte«, ein ähnlich furcherregender Vogt sein Unwesen getrieben.

Heutzutage wäre ein Vogt ungefähr die Summe aus Polizeipräsident, Oberstaatsanwalt, Finanzamtsvorsteher, Dreschflegel und Zuhälter, aber es gibt ihn zum Leidwesen vieler Möchtegern-Vogte nicht mehr. Dem Vogt von damals, der im Namen des Egloffsteiner Burgherrn das *ius primae noctis* bis zum Gehtnichtmehr durchgeführt, Steuern zusammengeprügelt und die Bauern bei Bedarf ungespitzt in den kargen Boden gerammt hat, sind hinter der Hand, sofern sie noch nicht abgehackt war, zahlreiche Attribute großer Zuneigung und Bewunderung verliehen worden. Im Großen und Ganzen hat er zwischen Mostviel, Egloffstein und Hohenschwärz als Schreckgespenst gegolten, als Riesenarschloch und Rachsau. Folglich hat ihn dann später der Teufel geholt und er geistert seitdem als Oberzombie durchs schöne Trubachtal. Man weiß es deswegen, weil der Vogt seinerzeit bei seinem eigenen Leichenzug aus einem Dachfenster oder von einem Baum runter zugeschaut hat und angesichts des Sarges laut und schauerlich lachen hat müssen. Seitdem heißt der Ort, wo es den untoten Vogt vor Gelächter fast zerrissen hätt, »Vogtswiese«.

Und jetzt nach so einem begnadeten Boden- beziehungsweise Sagenschatz, nach einer derartigen Steilvorlage, welche praktisch wie am Spieß nach Festspielen schreit, hätten natürlich irgendwann einmal irgendein Richard Wagner, ein André Riöööh, ein Professor Flimm in Salzburg oder sonst ein Gschäftlasmacher auf den Plan treten müssen. Weil, ein trümmer Arschloch von Vogt, der beim eigenen Begräbnis in der Nähe von Mostviel vom Baum runterlacht – einen besseren Anlass für Festspiele gibt es doch überhaupts nicht! Und was is passiert? Nix! Beziehungsweise fast nix.

Einen einzigen einsamen Rufer in der Trubachtaler Festspielwüste hat es gegeben. Und zwar, das is jetzt echt verbrieft und aktenkundig, den Mostvieler Kuckuck-Schorsch. Es hat sich dabei nicht um den gleichnamigen Nestflüchter gehandelt, sondern um den Wirt vom *Gasthaus Schloßblick* in Mostviel, Herrn Georg Heid, Künstlername »Kuckuck-Schorsch«. Der ist, vermutlich im Gedenken an den Blödmann von Vogt, ungefähr in den Zwanzigerjahren des 20. Jahrhunderts immer am Sonntag kurz nach dem Frühschoppen von Mostviel nach Egloffstein gestiefelt, nauf in die große Linde vor der Kirche geklettert und hat von dort aus den andächtig aus dem Gotteshaus schreitenden Gläubigen »Kuckuck, Kuckuck!« nachgeschrien. So lange, bis die Gläubigen vor lauter »Kuckuck« extrem ungläubige Gesichter gemacht haben und es den Kuckuck-Schorsch vor Lachen fast zerrissen hätte.

Bis heute ist die Wirtsfamilie Heid vom *Gasthaus Schloßblick* in Mostviel unter älteren Nürnberger Stammgästen immer noch als »Familie Kuckuck« bekannt. Wie der Schorsch seinerzeit in die Jahre und infolgedessen nicht mehr auf seinen Lindenbaum hinauf gekommen ist, waren die Mostvieler Festspiele leider auch schon wieder beendet.

Der Fliegende Holländer von Richard Wagner ist weltberühmt, der »Zwitschernde Schorsch von Mostviel« liegt schon lang am Egloffsteiner Friedhof. Nur sein Rezept für die wahrscheinlich beste Stadtwurst der Welt ist bis heute erhalten. So eine sagenhaft gute Stadtwurst kriegst du nicht in Bayreuth (da kriegst höchstens einen pelzigen Presssack mit Musik vom stundenlangen Sitzen), nicht in Bregenz, Salzburg oder Furth im Wald, sondern nur in Mostviel. Echt wahr. *(2009)*

Hochteutsch

Was in Zukunft aus uns wird, weiß niemand ganz genau. Wir ahnen es nur vermutungsmäßig – und zwar wandeln wir uns sprachlich unter Umständen zum Reinen, Stimmhaften, Hochdeutschen, Unvolkstümlichen, etwa zum Idiom, wie es mitten in Hannover geflötet wird. Mit herkömmlichem Gwaaf wird für uns Hiesige kein Fortkommen mehr sein. Weil neulich hat hier bei uns die Mundart begonnen, das Zeitliche zu segnen, indem einige Schauspieler im sogenannten Staatstheater anlässlich des Familienweihnachtsdramas *Lametta* vor der Premiere einen mehrere Monate währenden Unterricht in Fränkisch erhalten haben. Damit sie den Text von Fitzgerald Kusz einigermaßen unfallfrei über die Bühne bringen. Es ist ihnen nicht gelungen.

Dafür aber wird es dem erwähnten Staatstheater gelingen, die gleichermaßen zähen wie erfolglosen Bemühungen der letzten drei Jahrzehnte um eine Art Volksbühne, in die eventuell auch wir des harten »P« und »T«, des stimmhaften »S«, der glasklaren Vokale, der übersinnlichen Gedankenspiele nicht so ganz mächtigen Deppen ganz gern einmal hineinschreiten würden, dem Ende zuzuführen. Heuer im Juni hat man das bekanntlich mäßig erfolglose Stück *Schweig, Bub!* von Fitzgerald Kusz nach gerade einmal 34 Jahren Spielzeit und 730 Aufführungen endlich den letzten Schnauferer schnaufen lassen. Weil: Dialekt und große Freude im Publikum über denselben ist dem Ansehen einer extrem großen Großstadt, welche um einige Haare beinahe schon Kulturhauptstadt oder Weltkulturerbe geworden wäre, nicht besonders dienlich. Zumal man hier örtlich orientierten Schauspielern den Dialekt bereits mit der Muttermilch austreibt. Für den Fall, dass sie ihn sich nicht austreiben lassen, schickt man sie nach München, wo sie schon nach kurzer Zeit in eigentümlichen Vorabendserien als maulfaule Franken-Rimbfiecher groß rauskommen. Bei uns kommen sie verhältnismäßig klein raus.

Mimen, die Nürnberger Dialekt können, sind nach Einschätzung der perfekt hannoveranisch artikulierenden Kulturbestimmer ähnliche Doldi und Driefl wie ihr Publikum. Zwar wird man auch im Münchner Kulturministerium nicht müde zu betonen, wie wichtig sich eine Mundart auf das Sprachverständnis auswirkt, Wirkungsstätten dafür sollen aber nicht gefördert werden. Dieses ministerielle Vorgehen nennt man »Schizophrenie« oder im nicht mehr standesgemäßen Dialekt: »Gschbaldner Oorsch«.

Wo käme man denn hin, wenn man einem in Hessen, Oberbayern, Tirol, in der Schweiz, in Belgien, Hamburg, Köln, Berlin, Wien, in der Türkei immer wieder gern gespielten Nürnberger Stückedichter wie Fitzgerald Kusz daheim auch noch ein regelmäßig bespielbares Forum oder gar des Fränkischen mächtige Schauspieler zur Verfügung stellen würde?! Der Prophet im eigenen Städtlein muss wissen, dass er sich seinerzeit leider den Beruf eines Pausenkaschbers h. c. auserkoren hat. Ein weitgehend ehrenamtlicher Nebenerwerbskaschber mit sehr vielen Pausen.

Ähnliche Ehren sind, beiläufig erwähnt, vielen örtlich tätigen Kunstschaffenden ebenfalls zuteilgeworden. Toni Burghart hat man den Kulturpreis der Stadt erst zwanghaft überreicht, wie er knapp zehn Jahre vor seinem Tod mit der Übersiedelung nach Fürth gedroht hat. Michael Mathias Prechtl hat man den Auftrag, den Alten Rathaussaal mit Fresken zu ornamentieren, erst erteilt und dann wieder feierlich entzogen. Herbert Lehnert – heuer erst verstorben und in stiller Andacht schon wieder vergessen. Hans-Walter Gossmann, verstorben und vergessen. Maximilian Kerner, im Mundartmusikerhimmel, auf Erden dem Gedächtnis entschwunden. Herbert Hisel, ad acta. Gäbe es nicht die *Peterlesboum Revival Band* – Karl Vogt und Willy Händel wären vergessen. Sofie Keeser, die mit fließend Mundart und fließend Hochdeutsch eine inzwischen ausgestorbene Schauspielkunst beherrscht hat, ist ebenfalls würdig der Nachwelt erhalten worden – mit dem Sofie-Keeser-Weg, einem extrem schlaglochhaltigen Schleichweg hinterm Dutzendteich.

Wie andächtig die Erinnerungskulturhauptstadt Nürnberg aber ihrer wahren, schönen, edlen Mundartdichter gedenkt, erschließt sich dem Spaziergänger vollends, wenn er seine Schritte durch die Nordstadt lenkt und dort auf die Pausalastraße stößt. Bei einem Pausala, da dreht es sich um den einzigen großen Dichter Nürnbergs, um Paul Rieß. Er hat kurz nach 1933 unter anderem gedichtet: » … und so mußte auch zur Hegung / für die Hitler'sche Bewegung /Nürnbergs Boden günstig sein. / Streicher sorgte für's Gedeih'n. / Just in Deutschlands schlimmsten Tagen / sah man kampfesfroh hier tragen/ durch die Straßen Hitler-Fahnen / Und die Massen packt ein Ahnen, / Und der Sieg des Glaubens triumphierte, / und ein morsch gewordenes System krepierte! / Nürnberg aber ward für wackres Streiten / Reichsparteitagsstadt auf alle Zeiten!« Die Pausalastraße befindet sich nur einen Steinwurf entfernt von Synagoge und jüdischem Gemeindezentrum. Die richtige Gesinnung muss man haben, schöne höchstdeutsche Verse schreiben, dann ist man bei uns kein Depp, sondern ein nie vergessener Würdenträger. *(2010)*

Fränkischer Frohsinn

Wie jeder einigermaßen ortsansässige Brauchdumms-forscher weiß, bildet der fränkische Fasching eine ziem-liche Gaudi, indem er sehr viel Frohsinn, gepaart mit Freude sowie einem hohen Maß an Ausgelassenheit in sich birgt. Nehmen wir nur einmal einen x-beliebigen fränkischen Dahoam-Minister, bei welchem der Froh-sinn ja nicht erst am Rosenmontag anhebt, am Faschings-dienstag oder meinetwegen am Freitag in Veitshöchheim, sondern schon wesentlich früher. Meistens Ende August, Anfang September; denn ein zufriedenstellender Froh-sinn, eine aufjauchzende, dädäräähafte Ausgelassenheit will Weile haben, nicht zu verwechseln mit Langeweile. Im Rahmen dieser Weile nagt also im Hirn unseres Ministers bereits vom Spätsommer an bis hin zur Aus-gelassenheit desselben, also des Hirns, die alles entschei-dende Frage:»Als wos gäih i'n haier in Veitshöchheim???«

In früheren, weitgehend veitshöchheimlosen Jah-ren war diese Frage schnell beantwortet: Man ist am Faschingsdienstag als Indianer, Cowboy, Seemann oder als Scheich aus einem sicheren Herkunftskalifat in die Königstraße gegangen, hat im *Pillhofer* einige Stamberla Jahrgangs-*Steinhäger* zu sich genommen, anschließend unter Absingen des Endlos-Liedes »Es war einmal ein treuer Husar« sämtliche eventuell am Ladengebäude der nicht mehr existierenden Firma *Radio-Pruy* flanierende Damen mit einer sogenannten Pritschn abgefotzt, ist dann in die Straßenachterbahn Linie 3 eingestiegen wor-den und heimgefahren. Der mehrfach erwähnte Froh-sinn hat sich als Lachen dargestellt, und zwar als Lachen von Bröggala, in der Regel eine stoßweise, vulkanesk wiederkehrende Gulaschsuppe.

Heute aber schwappen die Wogen des Frohsinns deutlich besser, nachhaltiger über. Um wieder zu unserem Minister zurückzukehren: Also ab August beginnt die Maskenfrage für Veitshöchheim. Wobei sich da bereits das erste frohsinnige, freudvolle, zielorientierte Lächeln auf das Antlitz unseres Politikers zaubert, wenn er drüber sinniert, ob er sich wie seinerzeit als arabischer Pritschnschläger unter's lustige Faschingsvölkchen mischen und sich anschließend abschieben soll. Nach schlussendlicher Verwerfung der Arabermaske arbeitet der Minister weitere Verkleidungsvorschläge aus: Geh ich nach Veitshöchheim als Bayerischer Landes-Punk, als feuchtfröhliche Alpe-Adria, als Zaunkönig, als Müller-Brot, als Breitbandbeschleuniger, als Kopftuchverbot oder als Sardinaweggla? Vor allem letztere Maske erzeugt wieder ein großes Maß fastnachtsaffiner Erheiterung in ihm, da die Vermummung als Sardinaweggla unter anderem gebietet, dass man ziemlich scharf ist und aus einem seitwärts zwei Bismarckheringsschwänzchen herauslugen.

Jetzt aber nur einmal angenommen, man möchte im späteren Leben einmal bayerischer Ministerpräsident werden – was läge da näher, als sich für einige freudvolle Stunden als Marilyn Monroe oder als Brüsseler Akten-Shrek oder als Mahatma Gandhi oder gar als Edmund Stoiber zu verkleiden. Die Maske Stoiber nimmt sodann Ende November und während der Vorweihnachtszeit langsam Gestalt an, natürlich nicht ohne in unserem Politiker bereits wieder ein an den fränkischen Fasching gemahnendes Schmunzeln aufkommen zu lassen. Dann erste vorbereitende Gespräche mit dem Maskenbildner vom glücklicherweise inzwischen freistaatlichen Obbernhaus, das Einziehen von Erkundigungen, ob auch andere Veitshöchheimer Politik-Auguste als

Edmund Stoiber gehen, gottseidank negativer Bescheid des für Verkleidungen aller Art zuständigen Ministerialdirigenten, Bestätigung der Einzigartigkeit des ins Auge gefassten Stoiberkostüms durch den Bundesnachrichtendienst, erste geheime Sondierungsgespräche mit der Ehefrau, ob sie nach Veitshöchheim als Muschi gehen will. Auch diese Gespräche getragen von zufriedenstellender Fröhlichkeit.

Erstes Kichern, mündend in einen von zahlreichen Schluckaufen gezeichneten Lachanfall kommt auf, wie der Maskenbildner vom Obbernhaus Hand anlegt am Minister, da das Einschminken teilweise an empfindlichen Stellen erfolgt und infolgedessen kitzelt. Anschließend juckt es viele Stunden lang im Gesicht, oben am Kopf, man wird ca. ein- bis zweitausend Mal abfotografiert, von der Bühne in Veitshöchheim runter g'scheit verarscht, dass es dich vor lauter künstlichem Gelächter nur so durchschüttelt. Am anderen Früh wachst zunächst neben der Muschi, die gar nicht die Muschi ist, auf, Bettdecke, Kopfkissen voller Schminke statt voller Gulaschsuppe. Dann transrapidly die Gesichtszüge vom Stoiber abschleifen, Perücke wegätzen, die Einträge des Auftritts in Veitshöchheim auf Fäißbuck, Hasenbuck, Twitter und Google überprüfen, Feststellung der Einschaltquote, drei Aspirin einwerfen, nächster Faschingsball, gleicher Minister. Bei aller Freude der fränkischen Fastnacht – bayerischer Dahoam-Minister möchte ich in diesen Tagen lieber nicht sein. *(2016)*

Ein Walk durch die Bodschamber Street

Indem gestern 24 Stunden lang worldwide, also vermutlich auch in Nuremberg upon Bengerz, der Tag der Muttersprache verhältnismäßig feierlich begangen worden ist, erhebt sich natürlich die Frage: Wann haben Sie zum letzten Mal Ihr Telefon gepimpert? Sollte es schon sehr lang her sein, dann aber nix wie up, up and away bzw. nei und nüber und rüber in die Breite Gasse, denn dort in der ca. 1 Kilometer langen Sprachkulturmeile unseres Heimatstädtleins wird man nicht nur alle paar Schieß lang unserer schönen Muttersprache ansichtig, sondern kann man sich tatsächlich auch sein Telefon pimpern lassen. Kurz vor Querung der Färberstraße kündet uns ein Ladenschild von der wahrlich nicht alltäglichen Dienstleistung für triebhafte Telefone: »Pimp my Phone«.

Doch beginnen wir mit dem Studium heimischer Sprachgewohnheiten am Anfang jener Breiten Gasse, dort, wo sie aus der Pansmith's-Lane, der Pfannenschmiedsgasse, hervorgeht und wo schon vor Jahrzehnten mit dem *Bratwurst Point* die Vermutterisierung unserer Sprache eingesetzt hat. Hinter dem *Bratwurst Point* erhebt sich das filigrane Gebäude des *City-Point*, viele weitere Pointe wie etwa der *Greenpoint* schließen sich an. Ein »Point« war früher, wie uns die Muttersprache noch nicht so geläufig gewesen ist, ein Punkt; folgerichtig enden die Ausläufer der Breiten Gasse an ihrem westlichen Ende, kurz vorm majestätisch hingebflaadschdn Shouter (Plärrer), im: Strichpunkt, den Gefilden des Redlightdistricts der Frauentormauer. Eine muttersprachliche Umbenennung in »Puff-Point« befindet sich in Arbeit. Wohingegen die Breite Gasse rein muttersprachlich gesehen nunmehr ihrer Vollendung entgegengeht.

In einem Schobb namens *Coffee Fellows* fellowen wir in aller Quietness eine Cup of Waterschnalzn, erwerben gleich gegenüber beim *Thunderbird* ein paar Fetzn for Ladies and Kids, rufen vor lauter Begeisterung über ein Mega Blowout, wie der Winterschlussverkauf scheint's jetzt auf Motherlanguage heißt, aus: »My dear Mister Singing Club!« (Mein lieber Herr Gesangsverein!) »Hit me on the eye, is that but cheap!« (Hau mi affs Auch, is des obber billich!) Und betreffend das Eye haben wir nur ein paar Häuser weiter bereits einen Schobb, welcher da lautet *Eyes & More*. Dem Show-Window-Constructor von *Eyes & More* ist allerdings ein kleiner Error underwalked, indem er in das Schaufenster lauter Brillen hineingeputtet hat, es sich bei Eyes aber selfunderstandably (selbstverständlich) um ehemalige Augen handelt. Beim Angebot von *Eyes & More* hätte er, der Dekorateur, jedoch Augen aller Art in die Auslage bringen sollen. Hühneraugen, Fettaugen, wachsame Holzaugen etc. Ja, der Muttersprachensprecher hat's not light.

Wieder zwei Häuser weiter in einem Schobb, welcher *Sniper* heißt, wird der altsprachliche Mensch von vorvorgestern perhaps in seinem Brain Castle, in seinem Hirnkästlein, herumkramen und sich remembern, dass es sich bei einem sniper um einen Scharfschützen handelt. Vergeblich sucht er dort allerdings nach Zielfernrohren, Schnellfeuergewehren, Mittelstreckenraketen, Groß- oder Kleinkalibern, Panzerfäustlingen. Vielmehr offeriert ihm der *Sniper* zahlreiche Multi Label, und zwar Labels aus dem Hause *black sneaker, ecko united, asics, cayler & sons* oder *criminal damage*, um nur einmal die wichtigsten Labels zu namen, also zu nennen. Was haben wir noch an muttersprachlichen Hinterlassenschaften in der Breiten Gasse und drumherum? Da kündet uns eine

Geschäftsinschrift mit Namen *Metalhead*, dass ein Kopf heutzutage vollinhaltlich aus Metall besteht, vielleicht Alteisen, später dann einmal Schrott, dort grüßt uns der *Footlocker*, ein *Pimkie*, the undisputed king of trainers, eine *fashion 'n more*, THE MOMENT, RITUALS, *enjoy*, *last minute*, SIDESTEP and so farer and so farer, und so weiter und so weiter.

Bei aller Freude über die fast vollkommene Vermuttersprachisierung der Breiten Gasse muss hier aber leider auch angemerkt werden: Nicht alle Schobbs sind bereit, unsere schöne Sprache zu bewahren. Und so fragen wir in großer Sorge um die Understandibility: Wann endlich heißt das *Räucherkammerl* in der Breiten Gasse Number 17 auf good German »Smoking Chamber« und der *Fielmann* »Much Man«? Und noch was: Sollte jemand bei so wunderbaren hiesigen Wörtern wie *Footlocker*, SIDESTEP, *Metalhead*, *Sniper* oder *Pimp my Phone* nur Railway Station understanden, nur Bahnhof verstehen, mag er sich nicht grämen. Die gestern zelebrierte Muttersprache hat schon schlimmere Heimsuchungen ganz gut überstanden. Wie wir aus dem leider so gut wie nicht mehr gebräuchlichen Wort »Bodschamber« wissen. Ein sehr geschmeidig vermuttersprachlichtes Wort, welches seinerzeit aus dem französischen »Pot de chambre« gebildet worden ist und nichts anderes wie »Nachthoofn« oder auch »Brunshäfala« bedeutet. By the way: »Bodschamber Street« wär auch ein ganz gut passender Straßenname für die Breite Gasse. *(2016)*

Rote Liste (Lingua Franconica)

- Bagg mers! (Packen wir es an)
- Ach Godderla naa!
- Allmächd! (Allahu akbar)
- Dou schau her!
- Hobbala! (Die fränk. Variante für »Bitte entschuldigen Sie«)
- Fränkischer Fünfkampf:
  gaafern, soddern, brozzln, mumbfln, bfobfern (fünf Synonyme für »meckern«)
- Hibb, Habb, Hubb – der Glubb holt den Europa-Kubb!
- Sauber gärwerd! (Höchste fränkische Anerkennung, neuhochfränkisch: »Fei Subber!«)
- Bassd scho!
- Uialaa!
- Auwäihala mei Zäihala! (Auweh, meine Zehe! Schmerzensausruf)
- Dou maggsd wos mied, bisd Großvadder wersd.
- Gräiß di Godd schäine Geengd!
- Dou hauds a Eggla wech! (Wenn was sehr teuer ist, aber auch anerkennend)
- Edz werds Dooch! (Jetzt wird es Tag, Ausruf bei Unannehmlichkeiten)
- Und, wäi?? (Fränk. für »Wie geht es Dir?«)
- Gräiß di Godd, alde Worschdhaud! (Gruß unter Freunden)
- Waggerla, Scheißerla, Schneggerla, Schneggers (Koseworte f. kleine Kinder, Ehefrauen etc.)
- Hom Sie's nedd aweng glenner?
- Hosders nedd aweng glenner? (Als Entgegnung, wenn jemand stark auf den Putz haut, schwer übertreibt)

- Kumm i haid nedd, kumm i morng. (Wenig tröstliche Vertröstung auf morgen oder irgendwann einmal)
- Edzer werds hint häicher wäi vorn. (Wenn was nicht funktioniert)
- Haid is nachts kälter wäi draußn. (Nonsens-Spruch)
- Gloor wäi Glooßbräih. (Klar wie Kloßbrühe, also unklar)
- Gniedlaskubf, Schwellkubf (Prominenz)
- Gaggalaskubf (Denker)
- Hau di nei! (Fang an!)
- Bläid gloffn! (Blöd gelaufen)
- Schau nedd suu bläid – schau suu wäi iich!
- Wenn der suu lang wäi bläid wär, nou kennd er aus der Dachrinner saufn. (Für Menschen mit einem etwas niedrigeren Intelligenzquotienten)
- Allerwall! (Hundertprozentige Zustimmung)
- Zäich di!
- Roll di, Doldi!
- Schleich di! (Verschwinde)
- Schwerdgoschn
- Wafflbeck (Horst Seehofer)
- I sooch nedd asuu und i sooch nedd asuu, nedd dass nou ans sachd, ich hädd asuu odder asuu gsachd. (Seehofer-Doktrin auf Nordbayerisch)
- Dou moußd aafbassn wäi a Hefdlasmacher. (Sorgfältig arbeiten)
- Und dahamm fei aa! (Fränkischer Neujahrswunsch)
- Ich hob nix geecher Flüchdling (Fränkische Dialektik I)
- Obber des werd mer ja wohl nu soong derfn. (Fränkische Dialektik II)
- Gäih naaf zum Ding und sooch zum Ding, der Ding soll roo, sunsd läffd in Ding sei Ding dervoo. (Altes

fränkisches, von M. Egersdörfer wiederbelebtes Wort-Sudoku)
- Muddä, schau amol roo! Die Räidschl-Schaneia glabbd nedd, dass du schieglsd.
- Maadla, moggsd an Abflgrabfn odder moggsd a Seidla Bier; horch ner, wäi die Hunner heind; wenn's gwiedschd, des is die Abord-Diir. (Fränkisches Frühlingsgedicht, frei nach Heinzi Volksmund)
- Wenn's deine Laid nedd leidn meeng, und meine wollns nedd hoom, nedd hoom, nou gemmer hald am Buudn naaf und machns nou dou droom. (Fränkisches Kärwa-Lied, Lob des Dachbodens, Protestlied gegen die Flachdachisierung postmoderner Architektur)
- Zum Nausbrunsn gäihds scho! (Urteil des fränkischen Bier-Sommeliers Walter Kipfer)
- Zum Nausscheißn gäihds scho! (Dito bei Mahlzeiten festen Aggregatzustandes)
- Schweinauer Bierschieß (Detonation furchterregenden Ausmaßes, herrührend von der im fränkischen Knallkörper häufig entstehenden Mischung aus Bier, Sauerkraut und Faulgasen)
- Lebberi (gwaadschd beim Barferslaafn an den Gestaden der Bengerz wohltuend durch die Zehen)
- Barferslaafn (frühere Gangart der Kinder ab Anfang Mai)
- Mich driggd der Lama (Notdurft)
- Brobellerfodzn (schnell rotierende Backpfeifen, pilotenscheinfrei)
- Bumblstilzchen (nach K. S. Skulptur von Henry Moore in der Karolinenstraße zu Nürnberg, vom Künstler irrtümlich *Großer Totem* genannt)

– Maadla vo Schdaa, zeich mer dei Baa, zeich mer dei Middlding, nou zeichi der mein Kümmerling.
(Fränkisches, ursprünglich aus Stein bei Nürnberg stammendes Liebesgedicht, Verfasser unbekannt)

(2016)

Essen & Trinken

Ein fränkisches Gastmahl: Stadtworschd-Stopfer

Eine Heimatverbundenheit fundamentalistischer Art kann oft blöd enden, Sonnen-Stichwort: Pegida, Nügida, NSU und so weiter. Oder Vorarisierung von Häusern, welche von Mitmenschen (Betonung auf »Mit-«) bewohnt werden möchten, die irrtümlich gedacht haben, bei uns ist die Gastfreundschaft ein behutsam umsorgtes Pflänzchen und keinesfalls ein Unkraut. Beim Essen halte ich es bei aller gebotenen Vorsicht dennoch mit der Heimatbodenhaltung, da ich bei magendesignerhaften Empfehlungen wie Sauerampfersorbet mit Dillblütenbaiser und Chicoréebrand, Spinatsaft, Knoblauchrauke und spontanvergorenem Sauvignon Blanc am Gaumen meistens grad nauslachen könnte, wenn es – angesichts millionenfach verhungernder Kinder – nicht so traurig wäre. Was ich gern esse, wenn ich Hunger hab, ist je nach Jahreszeit Folgendes: Kirschenmännla, Apfelküchla, Pfannkuchen, Fleischküchla mit Wirsching, Kloß mit Soß, Kloß mit Schwein, Röstkloß mit Zammgradzi, Kloß mit Gans, Kloß mit Rouladen, Wassermelone mit Schafskäs (griechisch), Weißbrot und Retsina, Reisbrei mit Apfelmus oder Birn oder Pfirsich, Wiener Schnitzel, aber nur in Wien oder in der Wachau, Böhmisches Gulasch mit Knedliki und Staropramen (aber nur in der Kaiserburg, Nürnberg, Obere Krämersgasse 20).

Und nicht zu vergessen: Stadtworschd in jeglicher Kombination. Drum mein in schönen Nächten selber ausgedachtes Rezept vom Bohnen- und Stadtworschd-Stopfer. Ein Stopfer wird es, wenn man beim Kochen nicht aufpasst. Bei sorgfältiger Beobachtung des Herdtemperaturreglers und des Kochtopfs kann man es durchaus auch Eintopf nennen. Vor der Einschaltung des Herdes schneidet man 1 Zwiebel klein, desgleichen ein stattliches Stück Speck oder gut durchzogenes Bündla. Danach soll ein Drumm Butterschmalz im Topf schön läufig werden, dann schmeißt man die Zwiebel und das Bündla nei. Der Alfons Schuhbeck, besser bekannt auch als Showbeck, tät uns jetzt völlig unschwitzend und elegantissime verkünden: »Ich hab da schon einmal was vorbereitet.« Und zwar hätte er vorbereitet: Rohe, geschälte, in Würfeln geschnittene Kartoffeln, einen Ring enthäutete Hausmacher-Stadtworschd in Scheiblein gesäbelt, 1 rote, 1 gelbe Paprika, 1 nicht industriell gefertigte Tomate, eine Schüssel voll Stangenbohnen. Wie Sie das jetzt schon mal vorbereiten, ohne dass von der Küchendecke ein Tomatenmark an einer Brechbohne bambelnd runtertropft, während uns der von der Ehefrau alarmierte Notarzt mitteilt, dass er schon einmal eine biologisch-dynamische Baldrianteespritze vorbereitet hat – das ist Ihre Sache. Manchmal funktioniert es einigermaßen zufriedenstellend.

Und jetzt noch ein Geheimrezept, von welchem der Schuhbeck überhaupts keine Ahnung hat und das hiermit den Geheimhaltungsstatus für immer von dannen wirft: Meine Soß-Spezialmischung. Da rührst in einem Döbfla folgende Ingredienzien an: Einen Bflaadschn mittelscharfen Senf, Marga's Meerrettich, Ketchup, Tabasco und Leitungswasser. Aufkochen lassen, während der Abkühlung und falls das Bündla und die Zwiebeln nicht für immer und ewig hineingebrannt sind, den Topf belegen. Erst die Kartoffeln, dann die Bohnen, Paprika, Tomaten, dann 1 Weizenbierflasche öffnen und in sich hineinperlen lassen. Während es im Kochtopf, wie der

Name schon sagt, köchelt, bei mittlerer Hitze, lassen wir obige Spezial-Soß zügig hineinlaufen. Die Soß begibt sich sodann gemäß den Gesetzen der Schwerkraft nach unten, von oben würzen wir mit Salz, Pfeffer, scharfem Paprika, gemahlenem Kümmel, Majoran, und wenn noch irgendwelche Gewürze rumstehen – nix wie nei.

Beim Abschmecken merkt man schon, ob man den Eintopf auf dringliches Anraten der Frau Gemahlin in den Guss schüttet oder ob er sehr gut schmeckt und durstig macht. Zum Finale schießen wir die Stadtworschdscheiblein ein. Ungefähr eineinhalb Stunden lassen wir es leise vor sich hingwaggern, und dann ist es so weit – dass deine Gäste zum Beispiel knurren: »Ner ja, amol wos andersch.« Ein Satz also, der, was unsere Heimatverbundenheit betrifft, ohne Weiteres als mittelscharfe Anerkennung durchgeht. *(2015)*

Das große Freuen

Und zwar haben wir schon seit einiger Zeit ein in uns schwelendes, ziemlich tiefliegendes Problem. Es is was faul im Staate Knochenmark, um es einmal mit Kotelett zu sagen. Beziehungsweise mit Hamlet. Früher, der Ding, der Shakespeare, der hat sich halt noch was getraut und tapfer den Finger respektive sein vergiftetes Schwert in die offene Wunde gelegt. Aber heut? Nix! Kein Mumm, kein Moet, niemand wagt es, den Übeltätern endlich einmal voll in die Suppe zu spotzen. Niemand – außer einigen ganz wenigen Dichtern.

Zu ihnen gehört zum Beispiel der Magen-und-Darm-Korrespondent der *Frankfurter Allgemeinen Zeitung am Sonntag*. Der weiß, wo uns der Schuh drückt. Nämlich am Gaumen. Es geht um geräucherten Stör mit marinierten Karotten und Anisbrot, es geht um Croustillant und Flan vom Hecht mit Topinambur und Apfelkompott, und es geht natürlich auch um Karamellroggenbrot-Eis und Hagebuttenmousse. Was immer das alles ist.

Aber der Reihe nach. Wir ham hier bei uns in Franken allein schon an die 1 500 Fernsehköche, die Tag und Nacht am Bildschirm immer bereits was für uns vorbereitet haben, dann Hunderttausende von Sommeliers, mützengekrönte Maîtres, Abkochexperten, welche jährlich extra für uns Millionen und Abermillionen von Kochbüchern verfassen; Ayurveda-Kochbücher, Feng-Shui, Dscheng-Beng, Rohkost, Sanftkost, arisch, vegetarisch, griechisch-römisch, nihilistisch, altägyptisch, katholisch und so weiter. Also Vielfalt, auch und vor allem am Hängebauch. Oder um es mit einem alten Schweinauer Sprichwort zu sagen: Auf einen Einheiz-Mampf is gschissn. Und zwar nicht nur fünf Stunden nach dessen Verdauung. Essen is Kultur, wie wir von den zu Tische liegenden alten Römern wissen, die bekanntlich nach jedem Gang majestätisch und vesuvartig gespeit und sodann wieder Platz gehabt haben für weitere kulturelle Feinheiten. Kunsthonig zum Beispiel.

Und nach diesem kleinen Ausflug in die Historie simmer also wieder bei jenen ursprünglich so schönen Dingen wie geräucherter Stör, marinierte Karotten, Anisbrot, Croustillant, Flan vom Hecht mit Topinambur und Apfelkompott, Karamellroggenbrot-Eis und Hagebuttenmousse. Mehr Vielfalt innerhalb eines einzigen Fressabends kannst du normalerweise gar nicht in so kurzer Zeit rausspeien. Also eigentlich die vielste Vielfalt überhaupt.

Aber was hat jetzt unser Restaurantkritiker, unser *FAZ*-Schließmuskeltrainer Furchtbares erleben müssen? Ein Gaumengemetzel sondergleichen! Denn: »Das Anisbrot war viel zu hart getrocknet und übertüncht krachend alles, was man mit ihm zusammen im Mund hat!!!« Und: »Das Karamellroggenbrot-Eis und das Hagebuttenmousse könnte mehr Finesse beim Abschmecken und in den Details vertragen.« Das alles wär schon tragisch genug, aber es kommt noch schlimmer: »Beim Croustillant und Flan vom Hecht mit Topinambur und Apfelkompott fällt der Koch leider in den Bastelwahn der älteren Mainstream-Küche zurück!!!« Mainstream-Küche! Das is Hölle, Hades, Fegefeuer, Darm-Inferno. Soviel also zu unseren gravierendsten Problemen des 21. Jahrhunderts in Franken und in Frankfurt am Mainstream.

Andere haben wieder andere Probleme. In dem Buch *Die neuen Herrscher der Welt* von Jean Ziegler, Sonderberichterstatter der UN-Menschenrechtskommission für das Recht auf Nahrung, heißt es: »Tag für Tag sterben auf unserem Planeten ungefähr 100 000 Menschen an Hunger oder an den unmittelbaren Folgen des Hungers.« Und: »Alle sieben Sekunden verhungert auf der Erde ein Kind unter zehn Jahren.« Und: »Die Zerstörung von Millionen Menschen durch Hunger vollzieht sich täglich in einer Art von eisiger Normalität – und auf einem Planeten, der von Reichtümern überquillt …«

Diesen Menschen in den Habenichts-Zonen, auf deren Kosten wir leben, könnten wir natürlich schon helfen. Indem wir ihnen erzählen, dass ein Karamellroggenbrot-Eis und ein Hagebuttenmousse beim Abschmecken und in den Details manchmal ein bisschen mehr Finesse vertragen könnte. Dann würden sie vielleicht nicht mehr an Hunger sterben, sondern sich totlachen. Also die wesentlich humanere, kultiviertere Art von Sterbehilfe. *(2008)*

Das fränkische Wirtshaus im Wandel der Zeiten

Obacht, Bierdimpfl & Suchtheiner! Schon brüsten sich örtliche, sogenannte Wirtshäuser mit 132 Sorten Mineralwasser auf ihrer Krankenkarte, schon lesen wir auf Gasthausschildern dezente Hinweise auf einen Wellnessbereich, schon haut uns da und dort die Kellnerin die soeben in bebender Erwartung eines heiß ersehnten Lungenzugs zur Fratzn beförderte Kippn aus der Goschn. Mit dem zarten Hinweis, dass wir unserer Sucht gefälligst draußen vor der Tür bei zehn Grad unter null und starkem Schneetreiben nachkommen sollen, aber keinesfalls in ihrem von allen Kassen wärmstens empfohlenen Gesundheitssalon. Das fränkische Wirtshaus befindet sich im Wandel! Die Dringlichkeitsvorschläge der Berliner Gesundheitsregierung, die am Ende zu einem zwei- bis dreihundert Jahre währendem Leben führen sollen, greifen bei uns schon. Und zwar an der empfindlichsten Stelle, im Wirtshaus, im Hals, beziehungsweise an der Gurgel. In vier, fünf Jahren wird kein Mensch mehr wissen, was hierzulande einmal ein sogenanntes Wirtshaus war. Nämlich ist man dort in völlig unverantwortlicher Weise einer Passion nachgegangen, über die man heute nur noch den Kopf schütteln kann. Was ist in diesen Kopf nicht alles hineingegossen, hineingezogen, hineingeschaufelt worden! An einem einzigen Abend bis zu zwölf Biere, fünf doppelte Himbi, Willi oder Schlehe, Schweinebraten, Bratworschd, Schäuferla, Stadtworschd mit höchster Cholesterinkonzentration, also pures Gift. Nicht selten ist dort auch geraucht worden. Und nicht zu vergessen die Vollpreller, Zünderer, den Dampf, Qualm, Lallinger,

Rausch mit ihren Explosionen, Detonationen, Verwerfungen. Allein beim Hinschreiben dieser schweinischen Ausdrücke läuft es einem vor Grauen schon eiskalt die Kehle hinunter beziehungsweise hinauf. Aber gottseidank wird bei der jetzt anstehenden Vergnügungsreform alles besser, schöner, gesünder. Das ehemalige Wirtshaus wandelt sich zum Reha-Zentrum. Es wird dort kein Essen im ursprünglichen Sinn mehr geben, kein Bier, keinen Wein, keinen Schnaps, keinen Bodennebel, keine Gäste. Besucher, falls sie noch erscheinen, werden vom Beginn der Vergnügungsreform an »Patienten« heißen, wie in jedem anderen Krankenhaus auch. Man betritt es früh um sechs Uhr, genießt in aller Ruhe die dort ausströmende frische Luft, nimmt seinen Hirsebrei, seine Bambussprossen oder sein Haferschleimsüppchen zu sich, ein Schlückchen Mineralwasser, ein Bäuerchen, eine kleine Unterwassermassage, und schon ist um 16 Uhr in den Sanatorien der Altstadt wieder Bettruhe.

Wer Schafkopf kartelt, heimlich aus dem mitgebrachten Flachmann zwitschert, spricht, raucht, griffelt oder nach jungen Mädchen linst, erhält Sanatoriumsverbot. Die alten sumpfhuhnartigen Wirtshausnamen werden umbenannt, etwa in »Sojawurst-Häusle«, »Zum Ginseng-Beutel«, »Zum Kalten Tofu« oder »Zum Pillenhofer«. Dass man früher einmal in einem fränkischen Wirtshaus zum Beispiel in hoher Lautstärke die Politik, speziell die Reformpolitik gegeißelt hat, dass dort sogenannte Spielkarten auf einen Tisch geknallt worden sind, dass Herz Trumpf war, dass man aus ihm waagrecht, oft mit nur noch ganz wenig Blutgehalt im Alkohol herausgetragen und zum Auto gebracht worden ist – das alles und noch viel mehr wird man demnächst nur noch in Märchenbüchern lesen können. Falls das ja auch nicht gerade gesunde Bücherschreiben oder Lesen nicht der nächsten Volkssäuberung beziehungsweise Reform zum Opfer fällt.   *(2006)*

Wir bauen uns eine Hüpfburg

Ein sehr schöner alter fränkischer Bierbrauch ist unter anderem der fränkische Bierbauch. Auch »Überhangmandat« oder »fränkische Biervielfalt« genannt. Zu seiner vollkommenen Schönheit entfaltet soll er sich an seiner weitesten Stelle etwa bis auf den Umfang einer Litfaßsäule ausdehnen und einen Hosenverkäufer beim *Wöhrl* zur Verzweiflung bringen.

In früheren Jahren ist der Bierbauch häufig durch einen Spazierstecken abgestützt worden, heute kann man ihn aber auch in einem Einkaufswäächala durch die Lande fahren. Die Idealmaße des fränkischen Bierbauchs errechnen sich aus dem sogenannten Body-Mass-Index. Durstschnittlich zwischen drei und fünf Mass möglichst alkoholreiches Bier in den Body ergeben schon nach wenigen Jahren einen stattlichen Bierbauch.

Jetzt aber warnen Ärzte, Apotheker, Ernährungsmediziner, Ayurveda-Tee-Hersteller schon seit geraumer Zeit vor dem Besitz eines Bierbauchs. Er sei in höchstem Maße ungesund, stehe beim morgendlichen Schnürsenkelbinden erheblich im Weg und verwehre – etwa dem Mann – die regelmäßige Blickkontrolle seiner Geschlechtsorgane. Bierbauch- oder Wambn-Warner raten hingegen zu einem Waschbrettbauch.

Der Forderung nach einer Abschaffung des Bierbauchs ist aber entgegenzuhalten, dass er gerade jetzt zur Urlaubs- und Ferienzeit ein beliebtes Freizeitgerät für Jung und Alt ist. Durch ihn liegt man beim Schwimmen fest wie ein Ozeandampfer im Wasser und trotzt durch seine hohe Zahl von Bruttoregistertonnen jedem Wirbelsturm. Auf einem Bierbauchinhaber kann man zum Beispiel bis zu Windstärke 12 vollkommen gefahrenfrei segeln, indem er als Kiel und am Grund des Meeres schleifender Treibanker gleichzeitig wirkt. Kindern ersetzt der Bierbauchträger ein ganzes Gebirge, in dem sie oft wochenlang auf Klettertour gehen können. Ein Bierbauchträger in der Familie ersetzt eine kostspielige Himalaja-Tour. Auch zum Sandburgenbau am Strand ist der Bierbauch gut geeignet. Und wer schon einmal für viel Geld jene schöne aufblasbare Kinderbelustigung angemietet hat, weiß einen Bierbauch besonders zu schätzen – denn ihm steht die familieneigene Hüpfburg immer und kostenfrei zur Verfügung. Oder wer sich zum Beispiel einen Inselurlaub nicht leisten kann: Einfach den bierbauchhaltigen Familienvater im Stadionbad zum Rückenschwimmen veranlassen – schon hat man seine ganz persönliche kleine Insel Schütt.

Pflegen wir also unser erhabenes Zentralmassiv durch regelmäßiges Gießen. Einen Waschbrettbauch kriegen wir dereinst als Gerippe am Westfriedhof noch früh genug. *(2005)*

Hoch über Georgensgmünd

In solchen Gegenden, wo sich die Zeit schon einmal eine Verschnaufpause gönnt, da rechnet man, wenn überhaupt, gern in ausgedehnteren Maßeinheiten. Gelegentlich in Jahrhunderten. »Des is verbrieft«, sagt Gerhard Forster, »seit dem Jahr 1614 sind die Forsters auf dem Anwesen. Und seit 1822 ist es zum ersten Mal als Gastwirtschaft schriftlich erwähnt.« Vierhundert Jahre, wenn nicht mehr, hat das alte Hopfenhaus mit den Darrböden schon auf dem Buckel, früher haben einmal 240 Tagwerk dazugehört, Weizen, Gerste, Kartoffeln, Kirschgärten und vor allem Hopfen. Inzwischen ist die Landwirtschaft der Forsters gut um die Hälfte schlanker geworden, Hopfen bauen sie gar keinen mehr an. Dafür ist das behagliche Gasthaus, früher ein Flaschenbierausschank mit Brotzeitausgabe, seit ein paar Jahren ein wahres Juwel. Nach Art der Edelsteine aber gut versteckt, einen geheimeren Geheimtipp als die Forsters findet man so leicht nicht. Wenn man ihn überhaupt findet. Güsseldorf.

Als Erstes wird der in der Spalter Gegend nicht so bewanderte Gast fragen, ob man allen Ernstes heute Abend das gemeinsame Schäuferla in Düsseldorf am Rhein einnehmen möchte. Aber es heißt Güsseldorf und liegt keinesfalls am Rhein, sondern ziemlich hoch über dem Zusammenfluss von fränkischer und schwäbischer Rezat, also hoch über Georgensgmünd. Und von dort findet man schon ganz leicht hin: In Gmünd über die Rezat, Hauslach, Mosbach, Güsseldorf. Oder andersrum, von Schwabach her: Dürrenmungenau, Wassermungenau, Beerbach, Obersteinbach, Massendorf, Güsseldorf. Wir erwähnen es nur wegen der schönen Ortsnamen. Von Nürnberg sind es, so rum oder so rum, immer vierzig Kilometer.

Wer am Hintern sich schon seine Hornhaut antrainiert hat, dem empfehlen wir die Radtour. Fast buchstäblich eine Mordsstrecke, vor allem am Massendorfer Berg. Aber danach zwei Spalter intravenös, ein rosa gebratenes Rehnüsschen mit Gelberla, Brezenknödel und Salat, und die Welt und die Waden sind wieder in Ordnung.

Ob Rehnüsschen oder Filetspitzen, Schäuferla oder Stadtwurst, drei Fränkische oder Tomatenrahmsuppe mit Croutons – alles ist immer frisch und wird nicht mit dem Tiefkühlauto vorgefahren, sondern mit der Robbern über den Hof ins eigene Schlachthaus. Einmal in der Woche kommt der Metzgermeister Richard Maurer aus Massendorf und portioniert Schäuferla, Schnitzel, Lammschlegel, Kalbsbraten oder Rehnüsschen. Streng nach EU-Vorschrift. In den großen Ställen der Forsters stehen Kühe, Kälber, Schweine, Schafe, das Wild kommt von den Jägern aus der Gegend. »Unsere ganze Landwirtschaft«, sagt Gerhard Forster, »halten wir nur wegen dem Gasthaus.«

Dass das Gasthaus heute mit seinen kulinarischen Feinheiten, mit seiner geschmackvollen Möblierung eigentlich »Restaurant« heißen müsste, dass die Stammgäste ihm ohne Weiteres ein paar Sterne an die Tür nageln würden – das hören Gerhard Forster und seine Ehefrau Andrea erstens überhaupt nicht gern, vor lauter Bescheidenheit, und war zweitens auch gar nicht geplant. Bis der gelernte Kraftfahrzeugmechaniker, spätere Kundendienstberater und Landwirt seinen Hang zur gediegenen und feinen Küche entdeckt hat. Kochlehre im *Goldenen Stern* in Abenberg, und den letzten Schliff zur ziemlich hohen Kochkunst hat sich Gerhard Forster ebenfalls ganz in der Nähe verpassen lassen: Zwei Jahre lang in der berühmten Küche bei Joschi und Sofie Kocher in der *Stiegelmühle*.

1998 haben die Forsters senior, Helga und Josef, Wirtshaus und Landwirtschaft an die Jungen übergeben. Was dann passiert ist, schildern Andrea (zuständig für die beiden Töchter Hannah und Lea Sophie, für den Haushalt, Service und die schöne Atmosphäre) und Gerhard (Küche, Frische, Landwirtschaft) gleichlautend, nach Art des Hauses, ungefähr so: »Ner ja, dann hammer halt angfangt.«

Das Gasthaus nach allen Regeln örtlicher Verträglichkeit restauriert, ein bisschen vergrößert, den Gastgarten, an dem dann im Sommer sich doch noch eine Hopfenhecke hochrankt, leicht toskanamäßig aufgemöbelt. Ungefähr 80 Sitzplätze gibt es in der *Gastwirtschaft Forster*, mehr als Güsseldorf Einwohner hat (68), und fast ausschließlich Stammgäste. Schickimickis, höhere Gniedlasköpf oder Touristen werden in der schönen Einöde nur selten gesichtet, trotz Brombachsee und Golfplatznähe. Und der regelmäßig bei den Forsters einkehrende Landrat Herbert Eckstein gehört nicht zu den Gniedlasköpfen.

Bei so viel Jubel über ein einziges Gasthaus muss man jetzt endlich auch die Nachteile erwähnen. Diese heißen der Reihe nach: Dienstag, Mittwoch, Donnerstag. Da hat die *Gastwirtschaft Forster* wegen der Landwirtschaft geschlossen. *(2008)*

Auch der Kloß hat eine Seele

Wahrscheins werden Sie jetzt wieder die Eva Demski nicht kennen. Sie ist vor geraumer Zeit in Regensburg geboren und dort aufgewachsen und später dazu übergegangen, schöne Schriften zu verfassen. Unter anderem über Gärten, über die Donau, über Venedig und so weiter. Vor einigen Monaten hat sie ein Buch über eine extrem lebenserhaltende Erscheinung verfasst, nämlich über das Essen, und in ihm auch der wichtigsten Speise überhaupt ein ganzes Kapitel gewidmet, nämlich dem Gniedla. Sie nennt es irrtümlicherweise »Knödel«. Aber wurschd! Vielleicht sagen sie zum Gniedla in Regensburg tatsächlich »Knödel«.

In jenem Buch also würdigt sie das Gniedla folgendermaßen: »Als Gott die Erde schuf, hat er den Knödel (das Gniedla) im Sinn gehabt, ist dieser (dieses) doch der Inbegriff der Perfektion – und um sein Innenleben sind schon wahre Glaubenskriege entstanden ...« Das ist ein wahrer Satz. Bei uns in der weltweit berühmten Metropolregion sind tatsächlich schon Wirtshäuser in übelster Weise beschimpft, in einigen Fällen sogar verwüstet worden – weil der Koch den rohen Klößen keinerlei Innenleben eingehaucht hat. Denn, das muss man sich hinter die Löffel schreiben: Ein Gniedla – in einigen altsprachlichen Stadtvierteln auch noch »das Glöß« genannt – also ein Gniedla ohne Innenleben, ohne Bröckerla ist nicht essbar, bestenfalls den Burgberg hinunter rollerbar. Wer nicht in der Lage ist, einige Scheiben Weißbrot in Würfel zu schneiden, diese zu salzen, anzurösten und sodann liebevoll, mit geschmeidiger und möglichst großer Hand in den lebberiartigen Kloßteig einzumörteln, der soll die Finger von unserer Leibspeise lassen. Und schon gleich gar nicht auf den verwegenen Gedanken kommen, ein Gasthaus mit dem Untertitel »Fränkische Küche« zu eröffnen. Es wird nicht gut enden.

Ein möglichst niemals endendes Kapitel wünschen wir in diesem Zusammenhang dem *Gasthaus Paradies* in Johannis (nicht zu verwechseln mit dem Travestie-Theater gleichen Namens in der Südstadt), in welchem der Koch nicht nur über die Seele von rohen Klößen genau Bescheid weiß, sondern auch über deren althergebrachte, nahezu sakrale Machart. Also: Rohe Kartoffeln reiben, gekochte Kartoffeln stampfen, Kloßteigsack auspressen, alles gut vermengen, salzen, bissla heiße Milch drüber, Knödelhilfe einstreuen, die ausgepresste Stärke maßvoll beigeben, Bröckerla einlegen, es dann weltkugelrund formen und 20 Minuten im köchelnden Wasser ziehen lassen. Anschließend muss das Martin-Behaim-Gedächtnis-Gniedla, nur mit der Gabel geöffnet, in der Soß schwimmen, dass es fast ersäuft. Wem da nicht das Wasser im Mund zammläffd, dem ist nicht zu helfen.

Und jetzt das Beste: Im *Paradies* in der Nordstadt (Poppenreuther Straße 21, gleich hinterm Nordklinikum) gibt es neben wunderbaren anderen Speisen, mittelfränkisch untypisch freundlichen Bedienungen, einem Biergärtlein mit Linden drüber und Windfang dahinter, wo man in aller Ruhe smoken kann, gibt es also noch diese Retro-Gniedla original handmade. Für sie wird ein kleiner Raritätenzuschlag in Höhe von 1 Euro erhoben, was wir in dem Fall aber wirklich gern blechen.

Das *Paradies* hat täglich von 17 bis 24 Uhr geöffnet, Sonntag ab 18 Uhr, im Bier- und Rauchgarten ist um 23 Uhr Zapfenstreich. Und das Buch der Eva Demski heißt *Rund wie die Erde* ist als *insel*-Taschenbuch erschienen und kostet an Zehner. Beides, das *Paradies* und die runde Erde, empfehle ich hiermit. Und zwar wärmstens. *(2013)*

Requiem auf das Gunzenhausner Braustübla

Jetzt wissen Sie wahrscheins wieder nicht, was ein *Gunzenhausner Bräustübla* ist, oder? Ich erwähne es deswegen, weil Einrichtungen wie dieses *Gunzenhausner Bräustübla* ungefähr in den Achtzigerjahren des teilweise leider, teilweise gottseidank vergangenen Jahrhunderts einem immer noch weitgehend unerforschten Virus zum Opfer gefallen sind. Der Virus hat eine wissenschaftliche, im mittleren Mittelfranken beheimatete Bezeichnung, welche lautet: »In Groong nedd vull gräing.« Es dreht sich also um Anhäufungen schöner irdischer Güter aller Art, die man aber, wie das Adjektiv »irdisch« schon zart andeutet, in überirdische Gefilde, wie etwa in das Jenseits, nicht mitnehmen darf.

Ein sehr irdisches und wunderbares Gut ist also auch das *Gunzenhausner Bräustübl* gewesen, welches sich in Nürnberg am Weinmarkt unweit der Sebalduskirche befunden hat. Sein Weihwasser hat unter anderem aus einem Märzenbier des *Brauhauses Gunzenhausen* bestanden, der Seelsorger war ein gewisser Adolf Mertl, die Gesangbücher haben einen Henkel gehabt, der liturgische Schlusschoral, intoniert meist am frühen Morgen gegen zwei, halb drei, hat je nach Nachnamen geheißen: »Ich bin der Bierleins Glaa, ich gäih nedd hamm vuur zwaa, ich gäih nedd hamm vuur Dooch – wall i nedd mooch.« Zu Hochdeutsch etwa: Ich bin dem alten Bierlein sein kleiner Sohn, ich taumel nicht nach Hause vor zwei Uhr, ich taumel nicht nach Hause vor Sonnenaufgang – weil ich nicht mag. Ungefähr um das Jahr 1985 rum hat es sich im *Gunzenhausner* ausgetaumelt gehabt.

Ein wohlhabender Architekt hat das Haus gekauft, das schöne Wirtshaus ist entküchenfettet und enträuchert worden und hat nach seiner Sterilisierung dann *Café Sebald* geheißen.

Das *Gunzenhausner* ist eines der letzten Wirtshäuser gewesen, in denen nahezu jeder der zahlreichen Eichenholztische ein Stammtisch war. Täglich beziehungsweise nächtlich sind aus ihm ab 20 Uhr eigentümliche Klopfgeräusche naus auf den Weinmarkt gedrungen. Diese Klopfgeräusche entstehen heute allenthalben sehr selten, sie haben ihren Ursprung im Hinknallen einer Schafkopfkarte auf einen Eichenholztisch.

Hier noch einige schöne Begebenheiten neben dem Karteln, die sich im *Gunzenhausner Bräustübl* ereignet haben: Einmal, kurz vor Weihnachten, deutlich vernehmbare Töne aus dem gegenüber der Theke platzierten Klavier, welche sich nach Öffnen des Klavierdeckels als die eigenwillig komponierte Sonate einer über die Tasten hin und her huschenden Maus herausgestellt haben.

Oder wie der einstige *Acht-Uhr-Blatt*-Sportreporter Gerhard Schmid den letzten lebenden Karpfen im Mertl seinem Aquarium erst feierlich unter Zuhilfenahme einiger Remy Martin auf den Namen »Schorschla« getauft und ihn dann mittels eines Eimers voll Wasser zur Pegnitz getragen und befreit hat.

Oder wie der Ernst Bettag selig einmal aus Versehen ein Bierglas am Steinboden zerdeppert hat und der Mertl mit den Worten »Entweder alles odder nix!« jenem Bierglas sogleich sämtliche verfügbaren anderen Biergläser, Weingläser, Tassen, Teller, Aschenbecher, Schnapsstamberla in schwungvollem Flug folgen hat lassen. Vor dem ansehnlichen Glas- und Keramikschuttberg hat der Gastwirt Adolf Mertl sodann folgendermaßen sinniert:

»Scherben bringen Glück.« Das anschließende Glück hat aus einigen Runden Silvaner, Märzen, Rémy, Schlehen, Zwetschger aufs Haus bestanden.

Oder wie der Stammtisch vom Nabbo jahrelang, einmal pro Woche, die Menschenpyramide vollführen hat wollen, es aber nie zu ihrer Durchführung gekommen ist. Erst in einer der letzten *Gunzenhausner Bräustübl*-Nächte sind die Stammtischnachbarn der Reihe nach aneinander hochgekrochen, um ein Haar wäre die artistische Darbietung zur Vollendung gereift – da hat es den als Menschenpyramidenspitze vorgesehenen Nabbo aus drei Metern Höhe voll auf den Wirtshausboden gebrettert. Er hat sich dabei den Kopf ein bisschen aufgeschlagen, aber Kopfweh hätte er sowieso gehabt, auch ohne Menschenpyramide.

Oder wie unser Stammtisch einmal nachts gegen halb zwei einen Hunger verspürt, der Mertl aber keine Lust mehr zum Kochen gehabt hat, sodass wir am runden Chef-Tisch im Eck ca. 20 Pfund Spargel aus einem großen Plastikeimer und zehn Pfund kalte Krautwiggala aus einem großen Tiegel gefischt und verzehrt haben. Die Speisen waren für den nächsten Tag vorbereitet, was den Mertl zu der nonchalanten Bemerkung veranlasst hat: »Sollnser si morng die Goschn an die Dischkandn hiihauer.«

Oder wie der Herr Pelz-Böck (kein Doppelname, sondern der Chef vom nahen *Pelzhaus Böck*) mindestens einmal in der Woche mit der gesamten Familie zum Abendessen erschienen ist und danach als Wegzehrung immer im Maßkrug 1 Liter Märzen heimbalanciert hat.

Leider ist der Platz für weitere Buchstaben jetzt fast zu Ende, sonst könnte ich Ihnen noch von eigenröhrig gelöschten Feuersbrünsten erzählen, von

Hetschelwettbewerben auf dem Küchenbodenfett, von komplett weißgetünchten Schaufensterscheiben einer in Ungnade gefallenen, benachbarten Geschäftsinhaberin, von einem Du beim Schafkopfen mit Spritze und Gegenspritze, welcher pro Mann 24,80 gekostet hat, aber gottseidank nur D-Mark, und so weiter und so weiter. Aber bei aller Wehmut und Sehnsucht nach dem längst in den Wirtshaushimmel entsandten *Gunzenhausner Bräustübl* und seinem mutmaßlich dort ebenfalls weilenden Wirt – ohne eine gute Nachricht will ich meine Nachgreinerei auf den Weinmarkt nicht schließen: In der *Comödie* im schönen Fürth hat dieser Tage, dem eingangs erwähnten Virus zum Trotz, ein Wirtshaus alter *Gunzenhausner-Bräustübl*-Prägung eröffnet. Ob man dort jetzt auch Feuersbrünste, Biergläserweitwurfmeisterschaften, Menschenpyramiden, kostenlose Krautwiggalawettfressen durchführen darf, sei einmal dahingestellt. Schafkopfen ist jedenfalls erlaubt, das Gründen von Stammtischen erwünscht. Und das im *Grüner* ausgeschenkte Grüner kann dem einstigen Gunzenhausner Märzen ohne Weiteres das Wasser reichen beziehungsweise das Bier. Hab ich anlässlich einer Preview – so heißt das heutzutage, respektive Predrink – eigenmundig ausprobiert.

(2014)

Rohe Heringsschnerbfl

Im Fall, dass Sie nicht annähernd auf der Höhe der Zeit sind, möchte Ihnen jetzt wahrscheins auch wieder ganz gern einmal ein Stückla möglichst röscher Schwanz, butterschmalzbehaftet, durch die Speiseröhre gleiten, derweil Ihr Mitesser grad wegen Grätenkoma am Händy die Notarztnummer drückt. Was aber ein Krampf wäre, weil ein bis zwei Schoppen Federweißer, zügig durchgepfiffen, viel besser gegen Grätenbefall helfen als jeder Doktor. Es ist also endlich wieder Karpfenhöchstsaison.

Das obige »nicht annähernd auf der Höhe der Zeit« hab ich deswegen beiläufig erwähnt, weil namhafte Feinstschmecker und überhaupts das ganze Gourmetgschwarddl bei der Erwähnung des Wortes »Karpfen« hochmütig den Gaumen rümpfen. Denn nach wie vor ordert der Herr von Welt und jeder andere läufige Eindrucksschinder des Abends für seine female executive assistant (früher: Sekretärin, ganz früher: Stenoblockwartin) mit gespitztem Göschlein beim Herrn Maître: »Bitte ein Sushi für die Uschi!«

Oder neulich in einer schönen Vorstadtvilla zum Auftakt eines extrem herkömmlichen Schafkopfabends. Lässt da der Herr des Hauses in seiner majestätischen Vornehmheit eine Megaplatte voll mit so kalten Dingern anliefern. G'rollte Fischlein aller Art. Roh bis dorthinaus! Aber kein einziges Sardinaweggla dabei. Jetzt, als notorischer Neuheitenverweigerer, kartel einmal fünf Stund lang einen Schafkopf, weise zur Stärkung der Nerven einige Biere, Weine, Schlehen etc. ein und hab eine schwere Sushi-Phobie! Als Unterlage also zwei Bäggla Salzletten und sonst nix! Da nennst du binnen kurzer Zeit einen derartigen Dambers dein Eigen, um nicht zu sagen: Qualm, Preller, Affn, Zünderer, Russn, dass du mitten in einem Rot-Solo stolz einen Zwanzger meldest. Wer vom Schafkopfen schon einmal Kunde erhalten hat, weiß vielleicht, was ich meine: Bsuffn bis iibern Oorsch noo, wie der Schweinauer Sechsundsechzig-Forscher Prof. Dr. wc Worch sich ausdrücken würde.

Was ich also mitteilen will: Auch der eingefleischteste Mambfer örtlicher Delikatessen vom Fünf-Kilo-Schäuferla bis zum Grauen Zipfel muss irgendwann mit der Zeit gehen und sich genießerisch den einen oder anderen vollkommen rohen japanischen Heringsschnerbfl durch den Hals schwimmen lassen. Manchmal hat man dabei Glück, und der, die oder das Sushi lebt noch. Und hupft freiwillig wieder aus dem Mund. Und wer sich an die fernöstlichen Rohheiten noch nicht gänzlich gewöhnt hat, der soll sich vor einem Sushi-Essen schon einmal am heimischen Aquarium ein bisschen vorbereiten. Da einmal ein Goldfischschwänzchen schnappen, vorsichtig in einen Guppy hineinbeißen oder mit einem herzlichen »Sayonara«, dem Abschiedsgruß der Japaner, eine Herde Seepferdchen über den Knorpel galoppieren lassen. Aber Obacht bei Zierpiranhas! Die beißen zurück und bambeln dann stundenlang an der Zunge rum. Auf diese Weise für die Einnahme japanischer Rohkost gut präpariert, begibt man sich in eines der zahlreichen Sushi-Restaurants. Dort nimmt man als Erstes zwei bis fünf Reisschnäpse zu sich. Anschließend noch einmal drei, erhebt seinen irrtümlich auf dem heißen Stein ruhenden Hintern und ordert einige malerisch von Meeresalgen umrankte Sushi. Dann: tief Luft holen, Augen schließen, Gaumen- und Halsstarre langsam lösen – und ganz schnell nei mit die Sushi, dass fort sin. Danach erneut drei Reisschnäpse. Auch wenn man noch so viele Meeresalgen dazu isst – direkt satt, im fränkischen Sinn, wird man davon nicht. Aber, wie oben schon kurz angedeutet, angenehm betrunken. Nach dem 15. Reisschnaps nimmt der dann auf japanische Tischsitten gut getrimmte Gast ohne Weiteres auch andere Exotika aller Art zu sich. Etwa zufällig anwesende Stubenfliegen, Howergaasn, Hausmilben, Kellerasseln, Ohrenhöhler etc.

Und wer jetzt wider Erwarten auf einmal einen massiven Glusterer nach einem örtlichen Karpfen in sich verspürt, den können wir durchaus gut verstehen. Karpfen etwa dergestalt, dass sie sorgfältig in Butterschmalz rausgebacken sind, sodann, alles andere als roh, gemütlich auf dem Teller liegen, im Buckel als Zeichen ihrer Aischgründer Herkunft einen Zahnstocher neiharpuniert mit einem rotweißen Fähnla dran, ein Bäiderlasträubla im Maul, daneben ein handvermanschter Kartoffelsalat, eventuell versetzt mit Schafmäuler oder Endivien, dahinter der Schoppen Federweißer. So ungefähr kann man den Karpfen im *Gasthof Drexler* zu sich nehmen. Und zwar in Wolkersdorf, zwischen Mühlhof und Schwabach, direkt an der Hauptstraße Nummer 42, immer dem Butterschmalzduft nach. Dort ist es sehr schön möbliert und vollkommen sushifrei. Und wenn man satt und zufrieden wieder nauswackelt, sagt man beim *Drexler* aber bitte auf gar keinen Fall »Sayonara«, sondern »Ade, bleib schee«.

(2013)

Der flüssigste Beruf der Welt

Wahrscheins hängt es mit der Erdumdrehung und unserem neuerdings von Google persönlich computergesteuerten Rollo zamm, dass nunmehr die Tage wieder länger werden. Trotzdem ist es manchmal noch finster, vor allem nachts und draußen, und wir können jetzt im Schein der Energiesparlampe unsere Weihnachtsgeschenke lesen; ich denke da vor allem an die Bücher. Ich zum Beispiel bin derzeit mit der soundsovielten Auflage von *Der große Johnson* befasst. Es handelt sich dabei um das beste und wirkungsvollste Weinbuch der Welt. Seine volle Wirkung entfaltet es, wenn man es spätnachts im Bett liest, denn nach allerhöchstens drei extrem blumigen Sätzen schläft man ein und *Der große Johnson* knallt einem mit seinen fast 700 Seiten voll auf den schon leicht traumumnebelten Kopf. Die Wirkung: Kubfweh, schlimmer als nach zwölf Schoppen Müller-Thurgau. Oder gar Gehirnerschütterung.

Der Verfasser des *Großen Johnson* heißt, wie man sich denken kann, Hugh Johnson, hat in der besten Weinregion der Welt, nämlich in England, das Licht der Welt erblickt und ist von Beruf Sommelier, genauer: Wein-Sommelier. Die Spezifizierung ist dringend notwendig, denn inzwischen kennen wir ja auch den Bier-Sommelier, den kaltgepressten Oliven-Sommelier, Limo-, Radler-, Apfelsaftschorle-, Mineralgewässer-, Noocherla- und so weiter Sommelier. Es dreht sich beim Sommelier also um einen der flüssigsten Berufe überhaupt, fast schon im Bereich des Überflüssigen. Im übertragenen Sinn hört der gut ausgepichte Sommelier nicht nur das Gras wachsen, sondern kann seine diesbezüglichen Rezeptionen anschließend auch sehr schön, filigran, feinstziseliert, ja poetenhaft ausdrücken. Nur dem Diplom-Sommelier ist es vorbehalten, höchstinstanzlich und rechtskräftig festzustellen – bereits nach dem Genuss einiger weniger, anschließend zügig wieder ausgespotzter Tröpflein –, dass ein Wein folgende verwunderliche Eigenschaften in sich birgt: Fruchtige Eleganz mit Tanninstruktur, feinen Rosenduft, einen weichen, runden Körper, grüne, jugendliche Reflexe, ausgewogen balanciert, delikate Aromen von Veilchen, Ananas, Mandarine und Glühbirne, ein verhalten perlendes Mousseux, feinwürzige Hefenoten, einen Nachhall aus seinen muschelkalkhaltigen Lagen und nicht zuletzt – im Abgang grüner Apfel!

Jetzt einmal ganz abgesehen davon, dass ein grüner Apfel im Abgang oft sehr unangenehm sein kann, sowohl für den im Umgang mit grünen Äpfeln meist ungeübten Dünndarm als auch für den dazugehörigen Schließmuskel, muss man aber auch berücksichtigen, dass jenes erwähnte Sommelier-Chinesisch nicht immer auf große Bewunderung stößt. Angenommen, jemand pfeift, im Verdurstungszustand ersten Grades befindlich, in einem hiesigen Gasthaus einen Schoppen Silvaner praktisch am Stück ein, die Bedienung fragt in verhalten perlender Eleganz »Nu an Schobbn?« und ergänzt ihre Frage im muschikalkhaltigen Nachhall »Hodder gschmeckt, hä?!«, und wir antworten darauf, indem wir den Wein wieder ausspotzn: »Einmalich! Zarte Anklänge von Vanille, geschmeidige Fruchtfülle, verspielte Andeutungen von Walderdbeere, Stachelbeere und Sauerkraut! Weicher, runder Körper!« Unweigerlich wird uns sodann die so von der immensen Vielfalt ihres Schoppens Silvaner in Kenntnis gesetzte, nicht ganz unfüllige Bedienung unweigerlich antworten: »Dir wer i glei an weichn, rundn Körber geem! Sauf a Wasser, wennsd kan Wein verträgst!«

Oder noch ein Beispiel von der in manchen Bevölkerungskreisen oft unverstandenen Sinnhaftigkeit der gehobenen Sommeliersprache, welche man mittels des Großen Latrinums erwirbt: Ein örtlicher Weinkenner, der Subsommelier Walter K., pflegt Fragen nach Bekömmlichkeit und Schmackhaftigkeit eines soeben eingewiesenen Bacchus mit der Auskunft abzuspeisen: »Zum Nausbrunsn gäihder scho.« Der Sprache des *Großen Johnson* unwürdig bis dorthinaus, aber: Für jedermann verständlich.

Und noch ein letztes Beispiel, den *Großen Johnson* betreffend. In ihm lesen wir auf Seite 302 im Kapitel »Frankenwein«: »In einem reifen Jahrgang ist der Rieslaner ein guter Kompromiss. Er erbringt gute Auslesen mit der Breite eines Silvaners und der Tiefe eines Rieslings. So erbrachte diese Traube im Steigerwald einige außergewöhnliche Weine mit einem Bukett von salzigem Honig ...« Dazu möchte ich meine Ziegelsteiner Großmutter selig, Frau Kunigunde Schamberger, zitieren. Wie sie auf den antiken Witz, in dem ein Herr auf einer Stadtparkbank ein Honigbrot salzt, es sodann wegwirft und auf die Frage eines Banknachbarn nach dem Grund des Wegschmeißens antwortet »Wall, ich mooch kan gsalzner Honich« – wie also die Kuni nach Anhören des Witzes den Kopf schüttelt und sagt: »Wenn der Moo kan gsalzner Honich mooch – warum doudern nou salzn, der Depp?!« Eine kleine Ziegelsteiner Großmutter ersetzt die Lektüre des fast 50 Euro kostenden *Großen Johnson* voll und ganz. *(2014)*

2. Diplomarbeit zum Fränkischen Bierfest

Hochverehrte Bierdimbfl,

im Fall, dass Sie sich beim Lesen folgender Zeilen bereits an, auf oder unterm Tisch des Nürnberger Bierfestes befinden, erreicht Sie unsere dringliche Warnung vor dieser im Burggraben zelebrierten Schluckimpfung leider zu spät. Andernfalls: Bleiben'S um Godzwilln dahamm! Zwar würden während dieser fünf sturzbachartigen Tage zahlreiche Biere jedweder regionalen Provenienz und Kreszenz verabreicht, dito Bratwürste, Presssack, Stadtwurst mit und ohne Musik, gut eingeweichte Sardinaweggla etc., aber was wir auch heuer höchstwahrscheinlich wieder schmerzhaft vermissen werden: Bier-Sommeliere in zufriedenstellender Anzahl.

Da und dort mag hinter der Burg vielleicht einer jener volldiplomierten Gurgelgourmets umhertaumeln und seine profunden Erkenntnisse gegen ein kleines Entgelt zum Besten geben, aber das wird wieder nur ein Tropfen auf unserem heißgelaufenen Halsknorpel sein. Und ohne Sommelier, ohne seine höchstflüssigen, um nicht zu sagen überflüssigen Kenntnisse, macht das Einpfeifen von Bieren wenig, ja, eigentlich überhaupt keinen Sinn. Allenfalls löscht es den Durst, erzeugt Knieinsuffizienzen größten Ausmaßes, regt nicht selten zu Verbrüderungen und –schwesterungen an; es kann zu Unterhaltungen, Zwiegesprächen zwischen völlig fremden Menschen und Menschinnen kommen, zu fränkischen Minnegesängen; auch Ansätze von vermeintlicher Schwerelosigkeit sind schon beobachtet worden. Das aber ist nicht der Sinn des Biertrinkens. Diesen Sinn kann uns nur einer zügig vermitteln: Der Bier-Sommelier.

Andere Branchen auf dem Gebiet des seismologischen Geschmackswesen haben dies längst erkannt und bedienen sich der mündlichen Kenntnisse etwa eines kaltgepressten Oliven-Sommeliers, Mineralgewässer-Sommeliers, Apfelsaftschorlen-, Himbeergeist-, Antarktisschmelzwasser-, Benzin- und so weiter-Sommeliers. Oder nehmen wir den herkömmlichen Wein-Sommelier. Er hört, im übertragenen Sinn, mittels seiner Zunge nicht nur das Gras wachsen, sondern kann seine diesbezüglichen Rezeptionen anschließend auch in sehr schöne, filigrane, feinstziselierte, poetenhafte Worte kleiden. Nach dem großartigen Genuss von zwei, höchstens drei sofort wieder ausgepotzter Tropfen irgendeiner Flüssigkeit kann er feststellen, dass diese folgende verwunderliche Eigenschaften in sich birgt: fruchtige Eleganz mit Tanninstruktur, feinen Rosenduft, einen weichen, runden Körper, grüne, jugendliche Reflexe, delikate Aromen von Veilchen, Ananas, Mandarine und Glühbirne.

Auch hat ein namhafter Sommelier schon einmal einen Wein wie folgt gepriesen: »Im Abgang grüner Apfel.« Im Abgang grüner Apfel! Da mag sich jetzt natürlich der den Segnungen des Sommelierwesens etwas abholde Weindimbfl fragen: Grüner Apfel im Abgang – wos sachd nern dou mei Schließmuskl derzou!?? Eine Frage, die man vielleicht nicht gänzlich von der Hand wischen sollte.

Aber wieder zurück zum Bier-Sommelier. Nur von ihm erfährst du, teilweise bereits aufgrund der Schaumfrüherkennung, an welchem Elixier du gerade nippst: an einem Grapefruit-Champagner-Dünnbier auf Ayurveda-Basis, an linksdrehendem Kefi-Weizen, Bananenbier mit Agavensirup, Jahrgangsbier mit Braumeisterzertifikat oder gar an einem belgischen Schoko-Malz-Kirschextraktbier in Bonbonform zum Lutschn. Nur er, der Sommelier, entscheidet, ob etwa ein Seidlein Unterzaunsbacher einen samtig-fruchtigen Nachhall mit perlenden Spuren urgesteinshaltiger Minerale in sich birgt. Nur er weiß, welche mannigfachen Düfte dem gefürchteten Schweinauer Bierschieß entströmen können, oder wie hoch man nach sieben bis acht Maß im Liegen speien kann. Auch kann er Ihnen ohne Weiteres Auskünfte über Ihren persönlichen Body-Maß-Index erteilen – je nach Body zwischen einer und zwölf Maß. Sind Sie also an gesicherten, schön formulierten Resultaten aus dem Reich der Schäume eines Sommeliers interessiert, meiden Sie das Bierfest! Ansonsten: Mir seeng si, immer im Nachmittagsnebel, direkt unterm Eppeleinsprung. *(2016)*

Das ist – gerade jetzt im Kleingärtner- und Nebenerwerbs-
spinaterer-Monat Mai – eine sehr wohltuende Nachricht:
Mit der Tomatenzucht geht es aufwärts! Und zwar ungefähr 36 000 Kilometer hoch. Womöglich haben Sie es
vor einigen Tagen im Rahmen Ihrer wissenschaftlichen
Fortbildung auch gelesen, dass einige ziemlich uner-
müdlich forschende Wissenschaftler der Universität
Erlangen-Nürnberg, Fakultät Hochgeschwindigkeits- und
Düsengemüse, Tomaten nicht nur auf den Augen, sondern
seit geraumer Zeit auch im Sinn haben.

Wieviel Sinn ihr Forschen beinhaltet, liegt buchstäblich noch in den Sternen oder weit dahinter; jedenfalls werden diese größtenteils habilitierten Volltomaten
spätestens im Frühjahr des Jahres 2016 einen Satelliten
in den Weltraum zischen lassen, welcher fünf bis sechs
Tomatensamenkörnlein und ein Gewächshäuslein an
Bord hat. Kehrt jener Satellit eines Tages wieder auf die
Erde zurück und es existiert dann die Erde noch, werden
die Nürnberger Wissenschaftler, von 2016 an Inhaber
des größten Kleingartens des Universums, sogleich
untersuchen, ob es ihre Tomaten überlebt haben und
Früchte tragen.

Wenn ja, was man vermuten darf, dann werden die
Folgen für die gesamte Menschheit, für die Bewohner
von Mond, Mars, Venus, Jupiter und für Nürnberg unermesslich sein. Ebenfalls unermesslich sind jetzt schon
die Kosten für das kühne Vorhaben; wie der Tomaten-
wanderwart der Universität Erlangen-Nürnberg bekannt
gegeben hat, in – wie man sich denken kann – wissenschaftlich exakt ermittelten Zahlen, bemessen sich
Hin- und Rückflug der sechs Tomatenkörner inklusive

Vollpension und Gießen mit chemisch gebrunstem Urin auf »etwa eine zweistellige Millionensumme«. Also haargenau zwischen zehn und 99 Millionen Euro. Ein Spottpreis, wie jeder Schrebergärtner bestätigen wird.

Ich zum Beispiel nenne auch einen Kleinstgarten mein Eigen, mehr oder weniger (eher weniger, denn die wahren Eigentümer bilden dort extrem endogene Kulturpflanzen wie Giersch, Gweggn, Vogelmiere, Moos, Kouhblumer, Schachtelhalm und Hupflattich), nehme ähnlich der Universität Erlangen-Nürnberg alljährlich Versuchsanpflanzungen (Betonung auf »Versuchs«) mit Tomaten vor und zahle im Gartenbaubetrieb *Bittner* in Allersberg oder auch in *Christinas Gewächshäusla* zu Sorgwiesen ob der Schwarzach pro Pflänzlein zwischen Euro 1,80 und 2,25. Stünden mir, um einen Mittelwert zu nehmen, analog zur Nürnberger Nachtschattengewächs-Uni Tomatenforschungsgelder in Höhe von ca. 50 Millionen Euro zur Verfügung, könnte sich meine Tomatenfarm ungefähr auf die Fläche Europas inklusive Osterweiterung bis Sibirien erstrecken. Und ich würde infolgedessen ab sofort alle 31 000 Gummiweggla-Filialen von *McDonald's* weltweit plus jene 13 000 der Schnellstopferei »Börger King« mit Ketchup beliefern. Eine Rechnung, die der von mir aus mehreren Gründen sehr geschätzte Nürnberger SPD- und Tomaten-Stadtrat Lorenz Gradl schon einmal vor Jahren durchkalkuliert hat.

Jetzt gschwind noch einmal zum bereits kurz erwähnten, tieferen Sinn der vollakademischen Nürnberger Weltraumtomatenzucht. In wem nämlich momentan ein bisschen der Verdacht aufkeimen möchte, es handle sich bei dem Tomatensamenkörnerschuss ins All eventuell um einen nicht ganz kostengünstigen groben Unfug, dem sei hier eine Reihe von extrem guten Gründen für den längst überfälligen Versuch auf streng wissenschaftlicher Basis aufgezählt.

Bei Gelingen des Experiments werden dereinst, in einigen Hundert, Tausend oder zweistelligen Millionen Jahren die Tomaten kometenhaft nur so durch den Kosmos rauschen. Wesentlich besser jedoch und verträglicher als ein Komet, von denen einer, um nur ein Beispiel zu nennen, beim Einschlag im Nördlinger Ries vor 15 Millionen Jahren ein 150 Meter tiefes Luuch von einer Fläche von 350 Quadratkilometern in die Erde gebohrt hat. Beim Einschlag einer oder auch mehrerer Tomaten passiert wahrscheinlich nix, wie der schon einmal von einer Tomate getroffene Altbundeskanzler Kohl bestätigen kann.

Und nicht zu vergessen, war in Zeiten des einigermaßen Kalten Krieges in den Arsenalen der ton- und todangebenden Staaten ein Atombombenvorrat gelagert, mit dem man unsere sowieso schon ziemlich eiernde Weltkugel sechsmal vernichten hätte können. Auch eine großartige, für uns Wissenschaftsdeppen kaum fassbare Leistung der Forschung. Und nur, gesetzt den Fall, die Bomben gibt's noch, oder der Obama und der Putin und Konsorten blödeln noch ein bisschen rum, und es scheppert, und die Erde gibt endlich unseren großartigen Geist auf – dann ziehen wir halt eine Kugel weiter, Mars, Mond, Jupiter, Venus und so weiter. Und bis mer die dann hiimachn – solang ernähren wir uns von den Erlanger-Nürnberger Universitätstomaten. Zum Trinken gibt's Sintflut.

Und wem der tägliche Tomatenmambf in einem Gasthaus an der Milchstraße ein bissla zu eintönig erscheint: Wie wir unsere unermüdlichen Tomatensuppenkaschber kennen, werden sie bereits im Jahr 2017 Zwiebeln, Essig und Öl ins All entsenden. Dann gibt's dort droben einen Tomatensalat. Und wenn ich einen Wunsch frei hätte: Der eine oder andere Stadtworschdschnerbfl wär auch nicht schlecht. Stadtwurst mit Sphärenmusik. *(2014)*

Die Grill-Barddy

Das Folgende dient der drastischen Verfeinerung der Usancen auf dem Gebiet der Getränke- und Nahrungsaufnahme. Ein Bereich also, welcher gerade in den Gefilden unserer sonst so beispiellos beispielhaften Metropolregion oft noch sehr zu wünschen übrig lässt. Was uns zu der Befürchtung überleiten lässt, dass der eine oder andere von Ihnen über die mit Abstand schönste, esskulturell wertvollste, bis in die Welt altvandalischer Opfermythen zurückreichende Zelebrierung eines feierlichen, meist sommerlich terminierten Festessens nichts oder zumindest sehr wenig Fundamentales weiß. Die Rede respektive Schreibe soll also von der mittel- oder oberfränkischen Grill-Barddy sein.

Dieses auf seinem Höhepunkt nicht selten in ein Bacchanal größten Ausmaßes mündende Ereignis kündigt sich meist in den sengenden Nachmittagsstunden des Samstags an, in denen der Herr des Hauses zunächst wohlig schnarchend in den Liegestuhl am Balkon eingezwickt ist und erst durch das Schalmeien der Frau Gemahlin »Vadder, hosd du haid Fräih die Hulzkulln g'hulld?!« in die Wirklichkeit eines fränkischen Sommerwochenendes zurückgeholt wird. Er hat also erwartungsgemäß die Hulzkulln vergessen, begibt sich unter dem weiteren Hinweis, dass in einer halben Stunde die Haberzettels, die Bemmerleins sowie die Bleisteiners fei auch kommen, eilenden Fußes beziehungsweise Badeschlappens und flatternder Trainingshose in die nahe Tankstelle zum Behufe des Erwerbs einiger Papiersäcke Hulzkulln.

Was tanken wir Franken noch, wenn wir uns schon einmal in einer Tankstelle befinden? Genau! Ein Stehseidlein Dosenbier, einen Schoppen Fernet und zur Abmilderung des Fernets ein weiteres Stehseidlein. Oder zwei oder drei. Während daheim erst die Haberzettels eine große Schüssel Kartoffelsalat als Präsent überreichen, anschließend die Bemmerleins einen Zehn-Liter-Plastikeimer Kartoffelsalat und sodann die Bleisteiners eine sehr große Tupperbox Kartoffelsalat, kehrt der Grilleur von seiner Einnahme rasch wirkender Beruhigungsmittel zurück, lallt triumphierend in den Hausflur hinein, dass er die Killgrohle oder Grollkihle bereits beschafft hat und dass jetzt dann am Balkon gleich ein Feuer auflodert, von dem die Nürnberger Berufsfeuerwehr noch in 20 Jahren ihren Kindern und Kindeskindern in großer Ehrfurcht erzählen wird.

Anschließend wuchtet er vom Keller das wichtigste Utensil einer Grillbarddy herauf, ein Dreißger-Fässla Festbier.

Vor dem Entzünden des Hochofens ist noch zu beachten, dass der die Kollgriehle umhüllende Papiersack sich nie an der zum Öffnen eingestanzten Perforierung öffnen lässt. In der Regel platzt er am unteren Ende vollautomatisch auf, meist im Wohnzimmer, sodass man die Kohlebrösel nur noch aufzukehren braucht. Danach staubsaugen und kurz nass durchwischen, und schon kann man sich dem Anzapfen des Bieres widmen. Es erinnert, sowohl was seine Wärmegrade als auch die Wucht seines Herauszischens aus der Zapfhahnöffnung betrifft, an einen isländischen Geysir. Nach der hierorts üblichen und immer wieder besänftigenden Bemerkung anlässlich der vom Spritzbier triefenden Familien Haberzettel, Bemmerlein und Bleisteiner »Bier machd kanne Rotweinfleckn« wendet sich der Hausherr dem Grill zu, schüttet einen Liter Spiritus über die Hulzkulln und schleudert aus sicherer Entfernung ein brennendes

Streichholz hinterher. Darauf passiert überhaupt nichts, erst in dem Augenblick, wo er sich tief über den Grill beugt, um nachzuschauen, warum es nicht brennt, gibt es eine dumpfe Explosion und es brennt. Meistens brennen aber nur Schnorrn, Augenbrauen und die Haare am Kopf, falls sich dort welche befinden. Grillkohle brennt so gut wie überhaupt nicht, sodass einige Freiwillige Feuerwehren schon dazu übergehen wollen, Dachstuhlbrände mit Grillkohle zu löschen.

Immerhin brennen dann aber im weiteren Verlauf der Grill-Barddy die weißen Grillanzünder und der ursprünglich zur Sauerstoffanreicherung herbeigeholte Plastikhaarfön in ausreichendem Maß wie auch einige T-Bone-Steaks, Brat- und Stadtwürste. Letztere nehmen bereits nach fünf Minuten eine dunkle, um nicht zu sagen kohlrabenschwarze Färbung an. In diesem Stadium ist vom Verzehr abzuraten, allerdings kann man sie weitere zehn Minuten später wiederum als Grillholzkohle verwenden.

In unserem Fall hat es sich infolge der Umwandlung von T-Bone-Steaks, Brat- und Stadtwurst in Holzkohle also von Vorteil erwiesen, dass die Familien Haberzettel, Bemmerlein und Bleisteiner statt einem Geranienstöckchen jeweils zehn Kilo Kartoffelsalat mitgebracht haben. Die Grill-Barddy endet in einer wahren Kartoffelsalatorgie. Wahlweise kann aber auch der ebenfalls sehr beliebte Nudelsalat mitgebracht und binnen der nächsten zwei, drei Wochen verzehrt werden. Wenn die Kartoffel- oder Nudelsalatvorräte zur Neige gehen, erreicht die Gastgeber ein Schreiben seitens der hiesigen Staatsanwaltschaft, dass gegen sie eine Anzeige wegen Brandstiftung in Tateinheit mit Herbeiführung einer kleinen Hochwasser- bzw. Hochbierkatastrophe erstattet worden ist.

Zur ordnungsgemäßen Durchführung einer mittelfränkischen Grill-Barddy wäre von meiner Seite aus nur noch zu sagen: Man kann T-Bone-Steaks etc. ohne Weiteres auch am Herd braten. Am besten in einer Pfanne. Wer aber seinem Körper endlich wieder einmal eine Überdosis Adrenalin, eventuell gepaart mit einem Nervenzusammenbruch und einer mittelschweren Kartoffelsalatvergiftung, zuführen will, der veranstalte eine Grill-Barddy. *(2014)*

Liegt Göttingen in Franken oder in der Oberpfalz oder wo?

Nicht jeden Tag ist ein Nebenerwerbsverfasser uninteressanter Leersätze in der Lage, bis in die tiefe Nacht hinein schwach honorierte, dafür aber umso geschmeidigere, anmutigere Essens- und Gasthausempfehlungen schriftlich niederzulegen, etwa derart, wie man es neulich einer wohlbeleumundeten, in Süddeutschland beheimateten, sehr schönen Samstagszeitungsbeilage entnehmen hat können. Wo es unter vielen anderen, stark humoriszierenden Formulierungskünsten heißt: »... der scharf angebratene Tintenfisch wurde mit einer intensiven Kräutermischung gefüllt, dazu gibt es marinierten Oktopus, ein süßliches Rübentörtchen und ein Ginger-Ale-Gel, das Kräuterwürze und Süße schön verbindet.« Und weiter Süßhölzchen raspelnd: »Die Taube/Brust und Keule besinnt sich ebenfalls auf wenige Aromen ...«

Ja, da siehst du doch vor dir förmlich, wie sich eine Taubenkeule grübelnd an die Stirn greift, so sie eine hat, und über Aromen sinniert. Und dir pfeift's anschließend dermaßen den Vogel naus, dass'd ein drümmer Loch hast im Schädel, durch das gschwind noch folgende Kostbarkeitlein in dich eindringen: »Spontanvergorener Sauvignon Blanc«, »ein Kuchen aus süß-erdigem Knollensellerie, begleitet von glasierten, irrsinnig aromatischen Selleriestänglein«. Ja Gott, süßliche Rübentörtchen, irrsinnige Selleriestänglein, sinnierende Taubenkeulen – hab ich leider alles nicht drauf. Spontanvergärung schon eher. Heutiges Thema auf dem mir ausschließlich verfügbaren, völlig poesiefreien Niedrigstniveau also infolgedessen: Die Göttinger, also jene leicht nach Knoblauch riechende, halbfingerdick abgesäbelte Wurstscheiben, von denen ich mich in den alten *8-Uhr-Blatt*-Zeiten jahrzehntelang ernährt habe. Und zwar folgendermaßen: Von der Winklerstraße rum ums Eck in die Tuchgasse, nei zum *Schwarz*, ein halbes Stündla ordnungsgemäß in der Schlange angestanden und sodann bei der Betty, beim Helmut oder Konrad geordert: »A Fimbfdl Göddinger, drei Weggla scho aufgschniddn und zwaa Gurgn ausn Fass.« Für so eine Veschber aus dem Altnürnberger (seit 1923), gottseidank immer noch existierendem Brotzeitparadies *Schwarz* schmeiß ich jedes noch so irrsinnige Selleriestänglein weg. Und zwar ganz, ganz weit, dass es ja nicht bumerangmäßig wieder zurückfliegt.

Wo, außer beim *Schwarz*, kann man jetzt noch in den Genuss einer möglichst einwandfreien Göttinger kommen? Wahrscheinlich bei vielen Metzgern, ganz sicher auch beim *Walk*, den ich jetzt nicht nur wegen meines Werbevertrags bei ihm (als grobe Leberworschd) löblich erwähne. Im Rahmen meiner jahrzehntelangen Göttinger-Versuchsreihe bin ich aber außerhalb Nürnbergs auf eine Göttinger produzierende Institution gestoßen, die in mehrfacher Hinsicht einige Einmaligkeiten aufweist. Nämlich befindet sich in Eschenau, Großgemeinde Eckental, gleich wenn man neifährt rechts der sogenannte *Endreß Markt*. Oberflächlich besehen ein Supermarkt, unterflächlich genauer besehen aber hundertmal schöner als die handelsüblichen Monster-Märkte: Der *Endreß Markt* ruht in Familienbesitz, nämlich in dem der Familie Endreß, ist häusermäßig sauber aufgeteilt in Lebensmittelmarkt, Drogerie, Parfümerie, Geschenkeladen, Brotzeitstübla und Buchhandlung, verfügt über eine fränkisch unübliche Freundlichkeit des Personals – und der Herr Metzgermeister fertigt, wie Sie jetzt wahrscheins schon ahnen, eine Dosen-Göttinger, dass du dich beim Verzehr im Worschdparadies wähnst. Aber halt in Eschenau. Und die zumindest für meinen grobschlächtigen Gaumen schönste Art, sich eine taufrische Göttinger einzuschieben – die ist leider noch weiter von uns weg als Eschenau. In Illschwang, knapp vor Sulzbach-Rosenberg, also Oberpfalz.

Aber die 50 Kilometer lohnen sich einfach: Man tritt früh gegen halb zehn in das unmittelbar an der Kirche (auch eine Rarität: katholisch-evangelisches Mischgotteshaus) gelegene Gasthaus *Zum Weißen Roß* der Familie Nägerl, fragt höflich, ob man seinen müden Hintern auf einem Stuhl am Stammtisch betten darf, lehnt sich jetzt im Herbst an einige gewärmte Ofenkacheln und bestellt bei Herrn Herbert Nägerl, welcher gerade die Zeitung liest, ein Kännchen Kaffee, einen Schlehengeist und ein Göttinger-Weggla (in der Opf. heißt es »Semml«). Und schon hat man das beste Frühstück, das man sich denken kann, vor sich stehen. Dazu muss man wissen, dass der Herbert Nägerl der Seniorchef vom *Weißen Roß* ist, vor allem aber als Metzgermeister verantwortlich für die dem Gasthaus angeschlossene kleine Metzgerei. Mit ihm kann man am Kachelofen fast über alles reden, nur nicht über das Geheimrezept seiner weltweit besten Göttinger.

Bei Erwähnung des *Weißen Rosses* kommt man jetzt natürlich nicht umhin zu lobpreisen, dass das ehemalige Illschwanger Wirtshaus zwar rund um den Kachelofen im vorderen Gastzimmer immer noch ein Wirtshaus ist (mit Kartelgenehmigung), sich aber dieses im Lauf der letzten Jahre unter der sorgfältigen Leitung der derzeit Verantwortlichen (Hans und Susanne Nägerl, Sohn und Schwiegertochter) buchstäblich in eine Oase gehobener Gastronomie mit allem Drum und Dran verwandelt hat.

Sogar mit Schwimmbad und einer Wellness, dass dir in der Sauna oder im türkischen Hamam, oder wie das heißt, der Schweiß nur so nunterläuft. Und Fitness und wunderbare Schlafzimmer und Ausblick auf zahlreiche Wiesen und Wälder und höchste Kochkunst (für süddeutsche Küchenkorrespondenten durchaus auch einmal geeignet) und schmackhafte, zügige Weine und erträgliche Preise und so weiter und so weiter. Aufpassen muss man lediglich, wenn man eines Tages einmal mit Herrn Hans Nägerl, dem Wirt, ins Gespräch kommt. Was dann manche Gäste für einen bis dato noch nicht gänzlich entdeckten ostmongolischen Dialekt halten, ist bei genauem Hinhören eine Mischung aus Hochgeschwindigkeitssprechen und Oberpfälzisch. Also wenn's geht, einen Simultandolmetscher mit nach Illschwang nehmen.

Und um noch einmal auf die Göttinger zurückzukommen: Soviel haben wir dem Herbert Nägerl einmal in einer schwachen Stunde entlocken können – sie, die Göttinger, enthält gepökeltes Schweinefleisch von ehemals glücklichen Schweinen, Rindfleischbrät, Salz, Pfeffer, Muskat, Koriander, Kümmel und Knoblauch. Nach ihrem jahrzehntelangen Genuss empfehle ich einmal täglich, vor dem Schlafengehen, eine Simva-Aristo-Tablette wegen Cholesterin. Ersatzweise und nur im äußersten Notfall ein irrsinniges Selleriestänglein.   *(2014)*

Brüssel, Brezen und der Bananen-Kühn

Indem dass ich ja quasi als Geschmacksneurologe bekannt bin, sehe ich mich verpflichtet, Ihnen in Erinnerung zu rufen, dass wir in diesen Tagen ein denkwürdiges Jubiläum feiern: ein Jahr Mitgliedschaft der bayerischen wie selbstredend auch der fränkischen Breze in der Europäischen Union! Beziehungsweise ist die bayerische, dito fränkische Breze seitens der europäischen Laugenbrezenkommission seit einem Jahr urheberrechtlich geschützt. Eine Brüsseler Schützung also, die wir leidenschaftlichen Verzehrer einer örtlichen Brezn to go schon seit Jahrzehnten mit allen unseren Geschmackssinnen ersehnt haben, da sie unglaubliche Vorteile, Erleichterungen, Weltmarkterrungenschaften in sich birgt. Weil, wer so eine gepökelte Salzwasserworschd unter der Bezeichnung »Bayerische Breze« am Plärrer oder Plobenhof feilhält, der muss garantieren, dass sie auch innerhalb der bayerischen Grenzen eigenhändig gewulchert worden ist. Wenn nicht, kann er sich auf was gefasst machen. Auf was, ist uns leider auch nicht bekannt.

Oder um es so rum zu erläutern: Sollte der für seine Abkupferungen aller Art bekannte und berüchtigte Chinese eines Tages auf den Wahn verfallen, daheim bei sich in Dscheng Beng oder wo auch immer eine Bleze zu formen, diese sodann nach Bayern zu verschiffen und hier zu veräußern, dann schrillen in Brüssel bei der Laugenbrezenkommission derart die Alarmglocken, dass dem chinesischen Raubbrezenbäcker Hören und Sehen vergeht. Dann setzt es Backpfeifen.

Anlässlich des Bayerisch-Brüsseler Laugenbrezenpatentschutzgesetzjubiläums sind wir vor lauter Dankbarkeit nicht nur in ebenfalls salz-, also laugenhaltige Tränen ausgebrochen, sondern haben zusätzlich noch einen nostalgischen Anfall größten Ausmaßes erlitten. Viele Jahrzehnte zurückliegend. Damals ist im höhlenartigen Inneren des Königstorturms ein geheimnisvolles Südfrüchtegeschäft namens *Bananen-Kühn* beheimatet gewesen, und gleich daneben hat eine ebenso breite wie hohe, noch nicht von Brüssel geschützte Breznfrau allmorgendlich ihr Backwarenaquarium errichtet, Essen auf leicht eiernden Rädern, und in ihm, dem aufklappbaren Aquarium, haben die köstlichsten Brezen der Stadt geruht. Das Stück zu zehn Pfennig. Anschließend dann das *Milchhäusla*, in welchem unter anderem der Porzellanbecher Buttermilch ebenfalls zu 10 Pfennig, geschöpft mit einer großen Kelle, ausgeschenkt worden ist. Und noch einmal daneben: Der *Cigarren-Ertl*. Bei ihm sind die HB oder Overstolz oder Zuban oder Salem No. 6 seinerzeit noch in Einzelexemplaren über den Tisch gegangen, das Stück – Sie werden es jetzt schon ahnen – das Stück Nervenberuhigungsstäbchen wiederum zu 10 Pfennig.

Wir vollkommen hoffnungslosen Fünfer- und Sechserschüler haben uns also dort, am sogenannten Idioteneck, zum Komplettpreis von 30 Pfennig ein vollständiges Mittagsmahl einverleiben können: Eine *Kolb's* Laugenbreze, einen Becher Buttermilch und anschließend ein paar Schnapper frische Zigarettenluft. Von jenen ameisenhaufenartig im Magen gribbelnden Annäherungsgesprächen mit einigen Insassinnen der Löhe-Schule oder der Englischen Fräulein gar nicht zu reden. Da hat die Mutter daheim samt ihrem Spinat mit Spiegeleiern und Salzkartoffeln fei oft lang warten können.

Anlässlich der eines Tages platzgreifenden Stadtverschönerung ist dann alles verschwunden: Der *Bananen-Kühn*, die Breznfrau, das *Milchhäusla*, der *Cigarren-Ertl* und leider auch die Englischen Fräulein. Wenigstens die *Kolb's* Laugenbrezen gibt es noch, welche jetzt aber nicht mehr am ehemaligen Idioteneck residieren, sondern draußen in Richtung alte Heimat, in der Ostendstraße. Das Sortiment dort – früher mit oder ohne Salz – hat sich aber leicht verändert. Unter anderem wie folgt: Breze ohne Salz, Breze mit Feinsalz, Breze mit Grobsalz, Mohnbreze, Sesambreze, Minibreze, Süße Breze mit Nutella, Süße Breze mit Honig, Süße Breze mit Mammalaad, Laugenstange, Brezenzopf, Mehrkornbreze, Butterbreze, Butter-Schnittlauch-Breze, Käsebreze, Schinkenbreze, Salamibreze, Gelbwurstbreze, Vegane Breze, Puten-Curry-Breze, Hamburger Breze, Schnitzelbreze, Obazdabreze und so weiter und so weiter. Sollten demnächst erwartungsgemäß noch die Sauerbratenbreze folgen, Schäuferla-, Schweinebraten-, Stadtwurst-mit-Musik-, Stadtwurst-ohne-Musik-, Karpfen-blau-, Karpfen-gebacken- oder Forelle-Müllerin-Art-Breze, dann wünschen wir der Brüsseler Bayern-und-Franken-Brezenpatentschutzgesetzgebungskommission beim Schutzvorhaben für etwa 5 000 heimische Brezenarten jetzt schon viel Vergnügen. Und stellen ihr, der Brüsseler Brezenkommission gleichzeitig anheim, ob sie dereinst den sogenannten Achter im Fahrradreifen, welchen wir seinerzeit Brezn genannt haben, eventuell nicht auch schützen sollten.   *(2015)*

Der Schnitt

Hier spricht respektive saugt sich niederschreibend wieder 250 Zeilen aus dem Finger, Ihr Ernährungs- und Ertränkungsberater. Heute Letzteres: Die Ertränkung diverser Kümmernisse oder Durstanfälle ins beste Löschmittel, das es auf Erden gibt, ins Bier. Infolge einiger erregter Publikationen widmen wir uns der immer kleiner werdenden Größe des Bieres, dem sogenannten Schnitt.

Neulich haben wir uns in einem durchaus akzeptabel beleumundeten Wirtshaus einen solchen Schnitt servieren lassen wollen. Betonung auf »wollen«, denn dem panikartig fragenden Blick des Kellners haben wir bereits entnehmen dürfen: Das Wort »Schnitt« in Zusammenhang mit dem Zapfhahn hat dieser in hiesiger Bierologie womöglich weniger bewanderte Ober erstmalig vernommen. Ein Butterbrot mit Schnittlauch könne er uns bringen, ansonsten sei er mit seinem Küchenlatein betreffs Schnitt leider am Ende. Und noch eine nachrichtliche Begebenheit aus der Welt der Biere hat uns erregt: Gemäß der glossarischen Meldung einer metropolregionalen Großzeitung soll ab sofort in einem dem Fünf-Seidla-Steig angehörigen Wirtshaus, aus welchen Gründen auch immer, kein Schnitt mehr an den Wandersmann, dito Wandersfrau, verabreicht werden. Was wir nicht glauben können, wollen, mögen. Denn ein Schnitt ist eine äußerst anheimelnde Art der mittel- und oberfränkischen Biereinpfeifung.

Falls es wer wirklich nicht weiß: Ein Schnitt ist mitnichten ein sogenanntes Kleines Bier, auch kein Spruuz, Noocherla oder Tropfbier, sondern von der Frische, vom Schaumaufbau und der Geschmeidigkeit beim Trinken her gesehen die maximale Herstellungsweise eines schönen Bodennebels.

Herr Matthias Egersdörfer, neuerdings nicht nur vortrefflicher Tatort-Gerichtsmediziner, sondern schon seit Urzeiten noch viel vortrefflicherer Bier-Connaisseur, würde es etwa so beschreiben: Die Unterlippe spürt schon das Kerngetränk, die Oberlippe befindet sich noch in der Vorahnung beziehungsweise im Schaum, und während bereits ein ansehnlicher Schluck kapriolenartig unsere Trinkröhre hinab perlt, ziert der bereits erwähnte Bierschaum unsere Nase, einer karnevalesken Maskierung nicht unähnlich, und schwelgt zusätzlich zum durststillenden Nass in der Duftwolke der gehopften Edelgase.

Ner ja, der Egersdörfer würde es wesentlich poetischer formulieren, aber sicher auch unserer Meinung sein: Ein schöner Schnitt verkörpert das Nonplusultra auf dem fränkischen Verdurstungserscheinungsbekämpfungsgebiet. Und es wäre ein Jammer, würde ausgerechnet auf dem sogar vom VGN dringlich empfohlenen Fünf-Seidla-Steig (eine Wanderung von der *Klosterbrauerei Weißenohe* zu den Brauereien *Friedmann* und *Lindenbräu* in Gräfenberg, nach Hohenschwärz, Thuisbrunner *Elchbräu* und wieder nach Gräfenberg-Hauptbahnhof) kein Schnitt mehr verabfolgt werden.

Für Nürnberg und Fürth gilt ausweislich eines neulich von mir persönlich durchgeführten Selbstversuchs: Mindestens in jedem zweiten Wirtshaus weiß der Wirt nicht nur, was ein Schnitt ist, sondern er schenkt ihn auch aus. Wer es nicht weiß: Einen Schnitt lässt man in ein Halbliter-Bierglas mit Höchstdruck hineinbflaadschn, sodass sich bereits nach wenigen Sekunden ein viertel Liter Bier sowie ein viertel Volumenliter Schaum im Glas befinden.

Auf den Getränkekarten einiger weniger Gaststätten ist der Schnitt sogar gesondert aufgeführt, sodass man dort nicht auf die Gnade des jeweiligen Wirts oder

Kellners angewiesen ist. Aus naheliegenden Gründen erwähne ich in diesem Zusammenhang das *Grüner* Brauhaus in Fürth, welches die Mehrbereichskomiker Volker Heißmann und Martin Rassau im letzten Jahr in dankenswerter Weise, innenarchitektonisch sehr anmutig, in ihre Klein- und Großkunstbühne *Comödie* hineinplanen haben lassen. Unter der Direktion vom *Grüner* Brauhausherrn Michael Urban erhältst du dort, eventuell zum original schwer gezwiebelten G'häckbrot, im mundgeblasenen (!) Edelglas zu zwei Euro einen Schnitt, dass du dich beiläufig nach vier ordnungsgemäß eingebflaadschdn, schaumgekrönten Liliputaner-Seidla im Siebten Bierhimmel wähnst. Heimwärts empfehle ich Ihnen die U-Bahn. *(2015)*

Fünf Seidlein sind fünf zu viel

Letzte Woche habe ich anlässlich eines in den Sommermonaten nicht selten in uns aufbrandenden Durstes kurz den rund um Gräfenberg ansässigen Fünf-Seidla-Steig aufgeführt, unter Kennern auch als »Lallinger-Linie« mehr oder weniger geläufig. Diese von mir ausgeübte Erwähnung war ein schlimmer Missgriff, ein unverzeihlicher Fehler, denn man soll diesen Steig, dessen tieferer Sinn im möglichst schnellen Verzehr von mindestens fünf Seidlein Bier liegt, nicht mehr erwähnen. Schon gleich gar nicht lobend, höchstens unter wissenschaftlichen Aspekten. Was hiermit jetzt geschehen soll.

Also Folgendes: Von Gründung dieses Wanderweges an ist es den am Steig anrainenden fünf Wirtshausbierbrauern binnen nur sieben Jahren gelungen, ein wissenschaftlich fundiertes Phänomen zu ergründen, dessen Entdeckung getrost als Weltsensation eingeordnet werden kann. Die von ihnen erforschte Formel lautet $d + b + w = Z$, also Durst in Verbindung mit einem Bier im Wirtshaus ergibt einen flächendeckenden, sogenannten Zibflrausch. Oder so gesagt: Ein alkoholisches Getränk enthält in nicht unerheblichem Maß einen Alkohol. Und dieser wird in jenen Brauereigasthäusern in Gräfenberg (zweimal), Weißenohe, Thuisbrunn und Hohenschwärz zu durchaus zivilen Preisen verkauft. Ursprünglich nach alter kaufmännischer Tradition: Je mehr, desto besser. Aber jetzt, nach der Entdeckung alkoholischer Vorkommen etwa im Bier oder im ebenfalls dort dargereichten Schnaps, ist neuerdings noch eine weitere, nicht minder sensationelle Erkenntnis zutage getreten, nämlich die, dass ein Alkohol je nach eingenommener Menge manchmal zu gewissen, oft durchaus als schwer zu bezeichnenden

Enthemmungen führen kann. Und jetzt ist das schon bei Goethe angeführte Dilemma des erfolgreichen Wissenschaftlers eingetreten; denn wenn das die fünf Brauereiwirte vor Inbetriebnahme ihres Fünf-Seidla-Steigs auch nur geahnt hätten, dass Bier einen Alkohol mit all seinen furchtbaren Folgen enthält – nie wäre es zur Markierung, zur ständigen Propagierung jener Wegstrecke gekommen.

So breiten sich in und um Gräfenberg seit Wochen Panik aus, Jammer, Entsetzen und Überdüngung (davon später), da zahlreiche Wanderer zur verständlichen Überraschung der Wirte in keiner Weise die eigentlichen Ziele des Steigs in Ehren halten, die da lauten: Da und dort die Gitarre zupfen, möglichst in gedämpftem Moll, und »Kein schöner Land zu dieser Zeit« leise summen, das Auge, wenn nicht sogar beide, auf den Höhen und Tiefen der Fränkischen Schweiz ruhen lassen, stets die dort noch vorkommende gesunde Luft einatmen, um nicht zu ersticken, beim Betrachten des oft sehr schönen Landes den Sinnspruch vor sich hin flüstern »Schau hinein ins schöne Land, freu dich, sag dem Schöpfer Dank«, ansonsten weitgehend still fürbass wandeln und zwischendurch ein ganz kleines Schlücklein Bier einträufeln lassen, wenn überhaupt. An dieses edle Regularium hält sich inzwischen aber meistens keine alte Sau, auch nicht Wandersmann oder -frau. Auf wundgescheuerten Knien und henkelringend schluchzen jetzt die Wirte, dass ihren Beobachtungen gemäß sich der einst mallorquinische Ballermann offenbar derzeit im Raum Gräfenberg niedergelassen hat, dass nicht selten komatöse Wanderer in großer Anzahl nicht nur den vorübergehenden Verlust ihrer Muttersprache diagnostizieren müssen, sondern auch an unbeteiligte Bäume hin- oder in Vorgärten hineinbrunsen, dass es während der vandalenhaften Wanderung zu elektronischen Beschallungen kommt sowie zu eruptiven, vesuvartigen Entladungen, und dass bei Letzterem, beim Bröckerlalachen, keiner mehr auf die schöne Landschaft schaut oder eine fränkische Gemütlichkeit ausübt. Und da müssen wir den Wirten aus Weißenohe, Gräfenberg, Thuisbrunn und Hohenschwärz zu hundert Promille recht geben. Wer in Wort und Bild und Ton und auf mannshohen Plakaten und vielen anderen Publikationen jahrelang zum Saufen aufruft, der kann doch beim besten Willen nicht damit rechnen, dass jemand diese Aufrufe erhört und sich tatsächlich zum Bier- und Schnapstrinken verleiten lässt! Im Gegenteil! Der geht doch davon aus, dass an einem Wochenende, an dem bis zu 35 Grad Celsius über null herrschen, niemand einen Fünf-Seidla-Steig erklimmt, um sich dem Trunk hinzugeben. Und dass dieser Niemand, wenn er schon kommt, da und dort allerhöchstens einmal einen Schluck nitrathaltiges Bachwasser aus der mitgeführten Feldflasche zu sich nimmt.

Wir können also nunmehr – nach der Gräfenberger Entdeckung von Alkohol im Alkohol und deren nie geahnte Folgen – davon ausgehen, es naht das Ende des Fünf-Seidla-Steigs. Und machet bitte, wenn es so weit ist, den Wirten im schönen Gräfenberger Land niemals den Vorwurf, sie hätten ein Bier verkaufen wollen, ein Bier, das nicht nur bar bezahlt, sondern zu allem Überfluss dann auch noch zügig getrunken wird. Glaubet vielmehr an das Gute, Edelhopfige im Menschen wie auch im Propagandisten und vernehmet die Wahrheit, die ich dieser Tage im Rahmen einiger eher lautmalerischer Gespräche herausgefunden habe. Nämlich hätte jener Weg eigentlich dem Holzsammeln für die Wintermonate dienlich sein und »Fünf-Scheitla-Steig« heißen sollen. Erst während eines Heimatabends ist, lang nach Mitternacht, das »ch« sowie das hierorts ohnehin nicht beheimatete harte »t« infolge akuter Zungenlähmung zeitgleich mit der Einnahme des ca. zwölften Bieres pro Teilnehmer spurlos verschwunden. Meidet den irrtümlich entstandenen Fünf-Seidla-Steig! *(2015)*

Indem wir uns in den nächsten Tagen bereits im Sommer befinden, bricht erfahrungsgemäß jetzo die Zeit an, wo sich über Balkone, Vorgärtlein, Rabatten aller Art oder auf weitgehend von emsigen Zecken bewohnten Rasenstücken schwerste Rauchschwaden herniedersenken, welche unter anderem lang anhaltende Hustenreize erzeugen, Bindehautentzündungen, nachbarschaftliche Nachstellungen forensischer Art sowie verhältnismäßig hartgesottene Fleischbrocken.

Nur für den Fall, dass Sie sich erinnern sollten: In die tiefen Geheimnisse sommerlicher Grillepidemien habe ich Sie bereits vor einem Jahr eingeweiht. Damals unter besonderer Berücksichtigung des mittelfränkischen Gemansches namens Kartoffelsalat, welcher jeder Grill-Barrdy ihr krönendes Gepräge verleiht. Heute also wieder eine Besonderheit für die heimische Balkon-Brandstiftung: Das Beer-Can-Chicken oder auch Drunken-Chick. Wenn Sie gerade kein Langenscheidt-Wörterbüchlein Englisch-Halbwegsdeutsch zur Hand haben oder NSA- und BND-sichere Wikipedia – beim Beer-Can-Chicken handelt es sich mitnichten um eine Abart erotischer Selbstkasteiung oder sonst eine verwegene, im Bereich des Sadomasochismus angesiedelte Sauerei, sondern vielmehr um die aus den USA stammende, interessante Zweithinrichtungsart eines sowieso schon toten Hähnchens, um die Pfählung eines Bierdosengiegers.

Das Pfählen an sich ist in früheren, mittelalterlichen Zeiten in Orient wie Okzident als Strafe bei Hexerei, Mord, Totschlag oder Ehebruch gern auch an Menschen vorgenommen worden, kann hier an dieser Stelle jedoch nicht im Detail erläutert werden, da Ihnen sonst der Appetit vergeht.

Natürlich kann einem auch bei genauerem Hinschauen der handelsüblichen Grillhähnchenaufzucht der Appetit vergehen, führte jetzt aber ebenfalls zu weit; schließlich geht es ja nicht um das Wahlfach Ethik oder um Empathie, sondern nur ums Neimambfn eines Beer-Can-Chicken und um dessen Pfählung. Das angelsächsische Substantiv »chicken«, das sei aber schon erwähnt, heißt auf Deutsch unter anderem »Feigling«, »Hosenscheißer«, »Pflaume«, »Hühnchen« oder »Hähnchen«. Da sich aber erfahrungsgemäß weder Pflaumen noch Hosenscheißer besonders gut zum Grillen eignen, erwerben wir beim Hennerhändler unseres Vertrauens ein bereits im Jenseits weilendes Hähnchen. Ob es sich angesichts seiner baldigen Pfählung zu Lebzeiten einer Mordtat, Hexerei oder gar eines Ehebruchs schuldig gemacht hat, ist wurschd und juristisch unerheblich.

Jetzt waschen wir das Hähnchen, reiben es sorgfältig mit Salz, Pfeffer und anderen Gewürzen der Levante ein, stellen es für zwei Stunden kalt, anschließend schreiten wir zur Pfählung, das heißt, wir stopfen ihm etwa an jener Stelle, wo bei seinem weiblichen Pendant, dem Huhn, die Gaggerla rauskommen, eine gefüllte und vorab entsicherte Bierblechdose durch die Eingeweide bis nauf zum bereits abgetrennten Kopf. Dieses Gesamtkunstwerk eines gepfählten Giegers stellen wir auf den Grill, wo dann im Verlauf weniger Stunden infolge der brodelnden Bierdämpfe im Inneren des ebenfalls einigermaßen brodelnden Giegers ein, sagt die mittelfränkische Grillkoch-Innung, »ein einmalig schmackhaftes, saftiges Fleisch« entsteht.

Vor meinem Entschluss, Ihnen, verehrte Damen und Herren, das Beer-Can-Chicken als Mitternachts-Menü wärmstens zu empfehlen, habe ich die Giegerpfählung natürlich erst einmal eigenhändig erprobt. Dieser Test hat damit geendet, dass es mir beim Aufspießen des zum Zweit-Tod verurteilten Hähnchens gscheit schlecht geworden ist, was die sofortige Einnahme eines fünffachen Schlehengeistes aus dem Hause *Haas* (Pretzfeld) zur Folge gehabt hat. Danach noch einmal drei Schlehen, dann ist der mittlerweile sich zum Nachtgieger wandelnde Hahn infolge des erwähnten Brodelns von der Bierdose in die nahe Thuja-Hecke geschnalzt, wo er anderntags unauffindbar war. Vermutlich haben ihn sich einige bereits am Tag der Zubereitung über unserem Garten kreisende Aasgeier in den frühen Morgenstunden gekrallt.

Seit jenem Selbstversuch mit dem Beer-Can-Chicken begeben wir uns, wenn uns ein Glusterer nach einem Giegerla befällt, in die Metzgerei *Walk*. Dort werden die Hähnchen nicht gepfählt, sondern schön rösch gegrillt und sehr preisgünstig verkauft. Und das dazugehörige Bier lassen wir, sehr lang vor dem Brodeln, nicht in einen Hähnchenkörper hineinlaufen, sondern zügig und angenehm perlend in unseren eigenen Körper. Gegen Ende der Veranstaltung nicht selten in Bodenhaltung. *(2015)*

... dann lieber doch nach Sommerach

Ein Federweißer – je nach Terroir und Geographie auch
»Sturm«, »Sauser«, »Bremser« oder »China-Kracher« genannt – ist eine hochexplosive Sache. Indem man ihn
infolge seines hohen Süffigkeitsgrades, einhergehend mit
einem hochgradigen Durst, oft zügellos einschießen lässt,
kann er den menschlichen Leib ohne Weiteres in einen
Knallkörper verwandeln. Die dazugehörigen Knalle er-
eignen sich dann an allen Ecken und Enden, hinten und
vorn, oben sowie unten. Zuweilen röhrt man auch in der
instabilen Seitenlage. Er kann aber durchaus auch das
Gegenteil bewirken, wie ich aus einigermaßen berufenem
Volksmund, nämlich meinem, weiß.

Vor Jahren, wenn nicht Jahrzehnten, ist mir einmal
die Aufzucht einer mir nicht näher bekannten Traube
gelungen, laienhaft etwa wie folgt einzuordnen: Haus-
wand Nordlage, Terroir Bauschutt und Sand, im Abgang
Düfte von Babberdeggl, faulen Äpfeln und Stinkbomben,
am Gaumen vesuvartig. Ich habe damals die zahlreichen, von Amseln, Aasgeiern und Wespen verschonten
Trauben einer massiven Pressung unterzogen, die daraus
gewonnene, an einen bereits drei Monate gelagerten
Brennnesselsud gemahnende Flüssigkeit in einen Zehn-
Liter-Glasballon schnalzen lassen. Aus ihm sind oben
genannte Gerüche stetig entwichen, und nach einigen
Wochen habe ich ihn für abfüllbar gehalten. Dazu sollte
ich vielleicht der Vollständigkeit halber erwähnen, dass
sich die Rezeptur zur Herstellung eines Federweißen
von meinem Ziegelsteiner Großvater selig, Herrn Gregor
Sch., an mich überliefert hat.

Ich soll damals, in jungen Jahren, von der Federweißen-
Manufaktur meines Opas sehr begeistert gewesen sein.

93

Noch mehr die zum großväterlichen Kleinmastbetrieb gehörigen Hühner, welche ich einmal eines schönen Spätherbsttages mit in jenen Federweißen eingeweichten Brotbröckala gefüttert habe. Nie habe ich danach die durch den Gmüsgarten taumelnden Hühner vergessen, auch nicht den Gieger, der beim Krähen gelallt hat und danach umgefallen ist. Alkoholvergiftung. Zum Abendessen hat es damals, glaube ich, Hähnchenfrikassee gegeben und Schelln.

Wieder zurück zum Federweißen eigener Produktion. Nachdem ich drei, alkoholischen Exzessen nicht gänzlich abholde Freunde in Kenntnis gesetzt hatte, mir sei nunmehr eine önologische Sensation gelungen in Form einer graugrün schimmernden und hoffnungsvoll blubbernden, puddingartigen Flüssigkeit, sind wir eines Abends in trauter Runde zusammengesessen. Gegenstand der Zusammenkunft: Schafkopfkarteln plus Federweißenprobe. Was sich jetzt damals im Detail ereignet hat, entzieht sich weitgehend meiner Erinnerung. Ich weiß nur noch, dass am andern Früh gegen 11 Uhr beim Erwachen einige Putzeimer vor uns gestanden sind, einem Teilnehmer der Federweißenprobe hat eine halbe Salzstange aus dem Mund herausgeragt, wo man nicht genau gewusst hat, ob sie nei oder naus will, ein weiterer hat geäußert, er verspüre im Mund einen Geschmack, als habe er ein Fässlein Odel zu sich genommen, ein dritter ist erst am späten Nachmittag erwacht und äußerte sich dahingehend, dass er momentan lieber gar keinen Kopf habe als so eine Mischung aus Kürbis und Schweinauer Gaskessel. An meinen Ziegelsteiner Opa hat mich die Federweißenprobe insofern erinnert, als unsere Ehefrauen aus uns – als wir wieder ansprechbar waren – um ein Haar Frikassee gemacht hätten.

Ich warne also dringlich vor der Eigenherstellung eines Federweißen. Vielmehr rate ich jetzt im Herbst die Schritte oder auch das Auto in Richtung Unterfranken zu lenken, und zwar nach Sommerach. Gleich nach der Toreinfahrt in das Städtchen, links in der Turmstraße Hausnummer 1, befindet sich die sehr schöne Winzerei von Christine und Michael Galena. Sie können es im Internet nachforschen, aber auch meinen jetzt folgenden Rat lesen: Gehen Sie hin! Ich weiß, wovon ich schreibe, denn ich und mein Durst waren schon mehrfach dort. Die Familie Galena (samt ihren beiden Töchtern alle miteinander wahrhaft erprobte Önologen) ist eine sehr angenehme Familie, und von ihrem vorzüglichen Wein – erwähnt sei hier nur die mehrfach prämierte Scheurebe – kriegt man garantiert keinen Knallkopf. Nicht einmal vom Federweißen. Auch die von den Galenas eigengebrannten Obstgewässer sind sehr verträglich, sonderlich der Williams geht äußerst geschmeidig in den Hals. In der Weinstube oder aber auch im Weinberg kann man alles, samt Brotzeit, je nach Lust, Laune und Halsdurchmesser probieren. Und falls man, analog zu meinen Ziegelsteiner Hennern, doch einmal aus Versehen ins Taumeln kommen sollte – man muss bei den Galenas zum Ausschlafen nicht ins Gmüs-beet fallen. Zu einem wahrhaft friedlichen Kostgeld kann man in einer schönen Wochenendferienwohnung seinen Lallinger in aller Ruhe therapieren: Dusche, WC, besteig-barer Spitzboden und Küche. Und wo eine Küche ist, ist notfalls auch ein Putzeimer.   *(2015)*

Menschen

Die drei Volldeppen von Bieberach

Wie oft hat sich schon ein Heimatforscher gefragt: Wie kommt es, dass es ausgerechnet bei uns in Unterzipfelsbach, Oberschlauchersbuch, Dumbfhaupten, Rüssleinsleiter, Brombehringersmühle oder wie die Wohlfühldörflein hinter Ebermannstadt alle heißen mögen, dass es hier spukt. Also höhere beziehungsweise zum Teil sogar tiefere Wesen tätig sind. Ludwig Feuerbach ist der Meinung: Alles vom Tourismusverband erfunden, frank und frei. Wahrscheins liegt der alte Feuerbach, leider bereits verstorben (anno 1872 zu Nürnberg), damit ganz gut im Rennen. Hinter jeder Erscheinung der sonderbaren Art pflegt bei genauerem Forschen eine Realität zu hocken. Im Fall der drei Volldeppen von Bieberbach zum Beispiel eine Realität in Höhe von einem Zwanzger-Fässla ungespundetem, daher sehr leichtläufigem Bier, in Begleitung zahlreicher hochgradiger Zwetschger.

Aber der Reihe nach, zuerst die teils an-, teils unheimelnde Tourismusverbandserzählung.

Es waren einmal, ungefähr seinerzeit, drei wackere Männer, welche immer wieder einmal ihre Leber gut eingeweicht haben. Trotz zahlreicher Einweichungen sind diese extrem eigenwilligen Organe immer härter geworden. Und ihre Geldbeutel immer schwundsüchtiger. Unsere drei Volldeppen aus dem schönen Bieberbach, berühmt durch circa 11 000 Eier am größten Osterbrunnen der Welt, welcher aber gar kein Brunnen, sondern ein Weiher ist, sind eines Abends in Egloffstein hinter ihrem wohlverdienten Dämmerseidla gesessen. Nach der Abenddämmerung hat sich, wie es in der Fränkischen Schweiz von alters her der Brauch ist, die Nacht herniedergesenkt.

Damals null Straßenlaternen, die ihnen heimleuchten hätten können. Also haben die drei – der Heinz Schisslein, der Konrad Kriechauf und der Willibald Bierheiner – die Finsternis auf dem Heimweg nach Bieberbach durch schöne Gespräche erhellt. Die Gespräche ungefähr dahingehend, dass nicht nur Angst, sondern auch Geld die Welt regiert und dass jetzt einmal ein warmer Regen fällig wäre, wenn's geht, ein Sechser mit Zusatz- und Superzahl und Jackpot und allem Schisslaweng. Also gierig bis dorthinaus.

Jackpots hat es damals ja auch noch nicht gegeben, infolgedessen ist plötzlich, wie aus dem Unterholz rausgeschnalzt, ein Fremder vor ihnen gestanden. Er hat fließend Deutsch gesprochen, allerdings Hochdeutsch, praktisch die liebe Not für den Schisslein, den Kriechauf und den Bierheiner ihre Ohren. So viel ist dann aber doch durchgesickert: Geld wie Heu, Gold ohne Ende, Edelsteine kartoffelsackweise, einzige Bedingung – sie müssten jetzt dann gleich, innerhalb einer Stunde, drei Friedhöfe abklappern. Praktisch 60 Minuten Mannschaftsgrabgießen. Kein Problem bei der Gage. Erst der Thuisbrunner Friedhof, dann der Egloffsteiner, dann der Affalterthaler. Alles im Zeitlimit.

Und schon ist ihnen nach dem letzten Friedhof wieder was Fremdes erschienen, diesmal ein Männlein, und hat ihnen einen Wanderpokal überreicht, einen Steinkrug mit Deckel. Unterm Deckel würden sich, hat das Männlein geheppert, ungeahnte Schätze aller Art verbergen, mit einer Rendite, wie sie die Welt noch nicht gesehen hat. Und was war drin? Arschklar – kein Heller und kein Batzen, sondern der Fürst der Unterwelt, der Herr Pfuiteufel in persona. Der Gottseibeiuns hat daheim beim Schisslein, beim Kriechauf und beim Bierheiner vielleicht abgehaust! Die Schwänz von den Kühen verknotet und verwerrdld, die Milch verschütt, das Korn verhagelt, ins Bier neibrunst, ganze Käslaibe den Egloffsteiner Berg nuntergrollert. Die Hölle auf Erden. Bis man den örtlichen Hochwürden mit seiner Weihwasserspritze alarmiert hat. Erst er, der emsige Mitarbeiter der Höllenangst-Produktion GmbH, hat den Teufel dorthin gejagt, wo er hingehört, zum Teufel. Schon wieder drei Seelen, nämlich die vom Schisslein, vom Kriechauf und vom Bierheiner, gerettet und dahingehend für immer bekehrt und belehrt: Das Beste ist nicht ein schönes Leben auf Erden, sondern das Beste kommt erst danach. Unter anderem auf den Friedhöfen von Egloffstein, Thuisbrunn und Affalterthal.

Jetzt zum Schluss nur noch gschwind die Wirklichkeit.

Der Schisslein, der Kriechauf und der Bierheiner sind damals nicht vor nur einem Seidla in Egloffstein im Wirtshaus gesessen. Wegen einem Maul voll Bier schleppt man sich nicht von Bieberbach bis nach Egloffstein! Vielmehr hat es sich um ein Zwanzger-Fässlein Freibier gehandelt. Gut sechs Maß pro Mann und doppelt gebrannter Zwetschger bis zum Abwinken. Die drei Bieberbacher sind voll gewesen wie die Trubachstrandhaubitzen. Sie haben die Welt nicht mehr gekannt.

Und wie ihnen beim Heimkrabbeln die Morgendämmerung unter anderem auch ein bisschen in ihrem Kopf wieder aufgetaucht ist – da haben sie ihre nahe Zukunft förmlich gespürt: Propellerfotzn von Seiten ihrer drei Ehefrauen, Holzscheitla aufs Gnerzla nauf, Putzlappenbastonade, vier Wochen Strafmelken im Kuhstall bei Wasser und Brot und im Frühjahr dann als zweibeiniger Ochs vor den Pflug gespannt.

Und in einer derartigen Zwickmühle, sagt auch der Feuerbach, da fällt dir viel ein. Unter anderem der Teufel in einem Bierkrug mit Deckel. Diesen haben sich also der Schisslein, der Kriechauf und der Bierheiner in geheimer Absprache vollkommen frei erfunden, zur Besänftigung ihrer Ehefrauen. Und damit diese es auch wirklich glauben und nicht zur befürchteten Propellerfotzn wegen Spätheimkehr schreiten, haben die drei wandelnden Gullys dann noch ein paar Tage lang Satanerlens gespielt: Die Schwänz von den Kühen verknotet und verwerddld, die Milch verschütt, das Korn am Acker zertrampelt, ins Bier neibrunst, Käslaibe den Egloffsteiner Berg nuntergrollert. Nur der Hochwürden war in die Sache eingeweiht, aber er hat aus geschäftlichen Gründen dichtgehalten. Und wenn der Schissleins Heinz, der Konrad Kriechauf und der Willibald Bierheiner nicht an zwetschgengeistiger Umnachtung gestorben sind, dann leben sie noch heute.

(2009)

Der Knapp'n Schorsch

Vom Dachfenster aus wäre seine Welt ohne Weiteres über-
schaubar. Rechts der Albrechtshof und die Kirche, die
Schwarzach, die Alterer, der Alte Kanal, der Flaschner,
der Kornburger Weg. Wenn das Wetter einigermaßen
passt, dreht er ungefähr in dem Siebeneck seine Runde.
Baseballmützla am Kopf, gelegentlich Jeans, breite bunte
Hosenträger, Spazierstock für alle Fälle. Und wenn das
Wetter nicht passt, ist es auch kein Unglück. Dann dehnt
er seinen heiligen Mittagsschlaf halt bis nachmittags halb
drei aus, und die Welt soll ihm derweil den Buckel runter-
rutschen. Erst recht nach dem Gebetläuten. Da kannst
du vor der Tür stehen und das selbergeschnitzte Schild
lesen mit der interessanten Inschrift: »Nach 18 Uhr nur
in dringenden Notfällen läuten.«

Und nur einmal angenommen, es würde dann der
einigermaßen dringende Notfall nach halbstündigem
vergeblichen Läuten vorn am Wendelsteiner Plärrer nach
einem Herrn Georg Knapp fragen – die Chance auf eine
Auskunft, ob dieser Georg Knapp eventuell duushörert
ist oder drunten beim Flaschner noch bedächtig und
gedankenvoll vor seinem Seidla sitzt, wäre gering. Denn
einen Georg Knapp kennt hier höchstwahrscheinlich
niemand. Man muss nach dem Knapp'n Schorsch fragen,
oder wie es hier bei uns heißt, wo man gelegentlich kein
»sch« spricht, wo eigentlich eines hingehört, und umgekehrt aus »Raubersried« ein »Raaberschrichd« macht,
von Berberschlouh respektive Sperberslohe gar nicht zu
reden – also man muss nach dem Gnabb'n Schoss fragen.
Den Apostroph kann man dann auch noch weglassen.
Und der Gnabbn Schoss ist von der Siedlung bis nach
Raaberschrichd, von Räimber bis Glaaschwäzzala, von

der Uuferbladdn bis zur Enßers Wiesn, vom Flaschner bis zum Sportheim wahrlich fast jedem ein Begriff.
Gründer der Handballabteilung beim Turnverein, Gründer der Eissportschützen, Turner, Fußballer, begeisterter
Trompeter einst bei der berühmten Blaskapelle Löhlein,
immer noch stimmkräftiges Chormitglied bei der Sängerriege des Turnvereins – und inzwischen, neben dem
Hans Gempel im Gewerbegebiet, vorletzter Überleben-
der einer Zunft, die noch in den Zwanzigerjahren des
vergangenen 20. Jahrhunderts das Dorfbild bestimmt
hat: Bald hinter jedem zweiten Haus haben die Trans-
missionsriemen geschnarrt, die Maschinen gerattert,
sind die Wendelsteiner Drechsler bis zum Bauch im
Sägemehl gestanden. Ungefähr 25 solche kleine Fab-
riken, dazwischen auch große, hat es damals im Dorf
gegeben, mindestens noch einmal so viele, schätzt der
örtliche Historiker Jörg Ruthrof, haben hölzerne Stopf-
pilze, Schrankfüße, Rasierpinsel- und Trudlmadame-
Griffe, Rechenschieberkugeln im Nebenerwerb daheim
im Schuppn oder im Stadl gedrechselt.

Heute gibt es im alten Dorfkern einen Einzigen, der
noch hauptberuflich und mit festen Aufträgen in seiner
Werkstatt an der Kirchenstraße steht – der Georg Knapp.
Und das in einem Alter, in dem andere schon mindestens
drei Jahrzehnte lang das Fernsehsofa platt liegen. Mit 94
Jahren. In Worten: vierundneunzig. Und die anderen, mit
denen sich der Schorsch beziehungsweise Schoss messen
könnte, die gibt es gar nicht mehr. Denn der Knapp'n
Schorsch ist außerdem noch der älteste Wendelsteiner.

Am 4. Februar im Weltkriegsjahr 1914 hat ihn seine Mutter Marie Knapp, geborene Vitzethum, daheim in dem
kleinen Haus der Eltern in der Mühlstraße, gleich neben

der Drechslerei *Gempel*, auf die Welt gebracht. An seinen Vater, den Drechslermeister Georg Knapp senior, kann er sich nicht mehr erinnern. Im September, wie der kleine Georg sieben Monate alt war, hat der Krieg begonnen. Schon in den ersten Tagen ist der Vater in Frankreich von einer Gewehrkugel getroffen worden, im Sanitätszug in Richtung Heimat ist er gestorben.

Georg Knapp sitzt auf dem Ledersofa in seinem Wohnzimmer, an der Wand alte Fotografien von den Eltern: »Heldentod hat's damals g'hassn. Heldentod. Als wennsd von einem Heldentod wos hasd. In München is der Vater damals ausgladen worn, im Zinksarg. Ja, ja – Heldentod für's Vaterland.« Er sagt es nicht, aber man sieht ihm an, was er denkt: Auf so einen Heldentod ist sauber gepfiffen. Ein paar Jahre später hat die Mutter wieder geheiratet. Den Christian Brunner aus Schwarzenbach. Die beiden haben sich durch die Drechslerei kennengelernt. In Schwarzenbach, hinter Burgthann, ist der Rohstoff für die Wendelsteiner Drechsler gewachsen – Erlen. Die sind, daran kann sich der Schorsch noch gut erinnern, mit dem Schiff auf dem Ludwigskanal nach Wendelstein transportiert worden.

Die Lehrzeit als Drechsler beim Stiefvater Brunner hat damals für den kleinen Georg schon ein Jahr vor der Zeit begonnen. In der Wendelsteiner Volksschule hat es damals keine achte Klasse gegeben. Nach der siebten war Schluss. Nur die zwei Klassenbesten haben eine achte Klasse absolvieren dürfen – in Nürnberg. Die zwei Einser-Schüler waren Verwandte vom Schorsch, und damit man sie nicht verwechselt, hat der aus der Raubersrieder Straße »der asserwendiche Gnabb« geheißen, und der andere »der innerwendiche Gnabb«. Und er, der Schorsch? »Ner ja, ich woor hald der Gnabbn Schoss.«

Gut gefallen habe es ihm bei seinem Ersatzvater in der Werkstatt, richtige Maschinen hätten sie schon gehabt, eher als manche andere, Spaß habe ihm die Drechslerei gemacht.

Im Jahr 1935 war der Spaß vorbei. »Da woor dann ja der Herr Hitler da.« Der 14er Jahrgang war der erste, der zum Arbeitsdienst verpflichtet worden ist. Das »freiwillige« halbe Jahr hat der Schorsch in Gemünden am Main abgedient. Und weil er die Mindestgardegröße der Spatensoldaten mit 1,72 maß, hat er am Parteitag in Nürnberg am Herrn Hitler vorbeimarschieren dürfen. »Am Hitler bersönlich. Schdell dir vor, die Ehre!« Und dazu lacht er grad naus, dass man schon merkt, was er von der Art Ehre hält. Nicht besonders viel.

Und die Ehrerweisungen vom Hitler haben kein Ende genommen. Gleich nach dem Arbeitsdienst ein Jahr Wehrmacht – kurz vor der Entlassung die Verlängerung des Militärdienstes um ein weiteres Jahr. »Und dann is scho anganger – Einmarsch in Österreich. Hammer Österreich befreit. Ich war Lastwoongfahrer. Mit beschlagnahmte Lastwääng hammer Österreich befreit. Vom Schickedanz homs aa Lastwääng g'habd. Des muss mer si amol vuurschdelln!«

Nach Österreich die Tschechoslowakei, nach der Tschechoslowakei der Überfall auf Polen am 4. September 1939. Die Nacht vom 3. auf den 4. September hat der Georg Knapp nicht vergessen. Mit der Sängerriege haben sie damals in der Fabrikstraße im Wirtshaussaal, beim Buchinger, geprobt, danach noch ein bisschen gefeiert. »Um Mitternacht hom aff aamol die Kirchnglockn glaid. Ganz lang. Und am andern Dooch hobbi scho mein Gestellungsbefehl g'habt.« Der Georg Knapp ist erst an den Westwall abkommandiert worden, dann ins

Saarland. »Und dann is ein Befehl vom Führer kummer, dass in Familien, wo bloß ein Sohn da gwesn is, dass die – als Blutsträger hodds g'hassn – dass die nedd an die Front müssn. Und ich bin dann nach Gera versetzt worn. Zum Glück.« Zum großen Glück vom Georg Knapp, in Gera hat er seine Lotte kennengelernt und 1942 geheiratet. »Aber wie's dann middn Krieg aufs End zuganger is – da war nix mehr mit Blutsträger und weg von der Front.«

Am Schluss war der Unteroffizier Georg Knapp auf der Nordsee-Halbinsel Eiderstedt stationiert und ist nach der Kapitulation auf einer Hallig in englische Gefangenschaft gekommen. Nach acht Wochen war er schon wieder in Freiheit, eine Woche nach der Entlassung daheim in Wendelstein, in der Drechslerei der Eltern. Die waren schon 1935 von ihrem kleinen Haus in der Mühlstraße und der winzigen Werkstatt umgezogen in den Albrechtshof am Kirchenweg – in das Haus, in dem der Knapp'n Schorsch heute noch lebt.

Von seinem Sofa aus sind es, den Gang hinter, durch zwei Türen, keine zwanzig Meter bis in die Drechslerei. Mit Unterstützung seines Sohnes Bernd drechselt der Schoss noch Handgriffe für Gewehrreiniger oder Spezialhölzer für eine Schwabacher Filzfabrik. Seit 27 Jahren ist er Witwer. Das Frühstück macht er sich selber, das Mittagessen holt er in der Diakonie gleich um die Ecke. Oft denkt er an seine Lotte. Manchmal rechnet er nach, was zwei Kriege und ihre Folgen von einem fast hundertjährigen Leben noch übrig gelassen haben. Manchmal spaziert er bedächtig durchs Dorf, Albrechtshof, Kirche, Flaschner, Schwarzach, Kornburger Weg, Alter Kanal, Bergbauer, Alterer und zurück. Und wenn der Gnabbn Schoss heimkommt und seinen Spazierstecken übers Sofa hängt, dann macht er die Tür vor der Welt zu, und es gilt die selbergeschnitzte Inschrift am Eingang: »Nach 18 Uhr nur in dringenden Notfällen läuten.«   *(2008)*

PS: Der Schorsch ist inzwischen schon im Himmel ...

Der Extrem-Franke unterwegs

»No vember, no fun« lautet eine alte fränkische Spät-
herbstmelancholie, welche wiederum auf einem Afforis-
mus des worldwiden Reiseunternehmens »Last Exitus«
basiert – »No risk, no funeral«. Was wollen uns diese
beiden Sinnsprüche aus dem Kalten Testament sagen? Sie
wollen uns sagen, dass unsere kleine Welt, speziell in den
Monaten Oktober, November, Dezember, ein Jammertal
ist. Oder um es mit dem Schoppershofer Nach-Sokratiker
Paul Preller elegisch-philosophisch auszudrücken: Der
Herbst bei uns is ein Krampf. Draußen dröhnen rascheln-
des Laub, Kindergeschrei oder bereits ein knirschender
Schnee an unser eines Ohr, um aus dem anderen Ohr
sich wieder zu entfernen. Dann wieder Herbstzeitlose,
Stoppelfelder, Stachelbeerwein in Marloffstein, Wind,
Wolken, Drachen und oft bis zu zwanzig(!!!) Minuten
Langeweile. Eine innere Einkehr kurz vor einer akuten
Gemütsthrombose, eventuell sogar Selbsterkenntnis, oder
noch verheerender: Stille, Ruhe, Frieden. November. Nicht
mehr Kärwa, Altstadtfest- und Komasaufen – noch nicht
Grinskisdleinsmarkt und Japaner-Looking. Niemands-
zeit, null risk, no fun. Um noch einmal Paul Preller zu
zitieren: »Da wennsd mir nicht gehst!« Nicht ums Verrecken möchte da der Mensch von heute beziehungsweise
von morgen und übermorgen daheimbleiben. Was wir
jetzt zum Überleben brauchen, is irgendwas Extremes,
Challengehaftes, Adrenalinhaltiges. Aber nicht das Herkömmliche, wo jeder Durchschnittsknalldepp jetzt schon
über den Atlantik skitesurft, Nordgrönland im Sattel seines Einrades durchpflügt oder im Paraglider über die
malaysische Inselbrücke gen Australien schwebt. Nicht
das Herkömmliche, sondern das Hinkömmliche. Also

dass man am Ende seines Extrem-Adventure-Urlaubs so hin ist wie nur irgendwie möglich. Raus aus dem herbstlichen Elend, nei ins gelobte Land, ins Paradies. Drei Monate Kidnapping am Ararat, Holiday on Iceclimbing, die letzte Badeölung in der Haifischbay und dann nauf zum finalen Speier in Himmerleier. Und extrem wichtig beim Extrem-Urlaub: Ab 5 000 Metern Höhe immer ohne Sauerstoff und möglichst ungeschützt, sodass schon bald bei 50 Grad unter null Nase, Finger, Ohren, Zehen abbrechen und im Sturm auf und davon fliegen. Ohne diese Gliedmaßen kann nämlich der bereits erwähnte, dringend notwendige Adrenalinschub viel besser im Körper zirkulieren. Und außerdem geben heute nicht mehr wie früher Kilometer, Flugstunden und Kofferaufkleber Auskunft über die Qualität unserer Völkerwanderungen, sondern die Ferien werden nach Sauerstoffmangel, tiefen Fleischwunden, Genickbrüchen, Epidemien, Lösegeldhöhe, Bewaffnung der Erschießungskommandos bemessen und in Güteklassen eingeteilt.

Je toter die Heimkehr, desto besser. Denn nur wer bei Schneetreiben und Dauerfrost halbnackert auf die Zugspitze naufrennt und erfriert, wer 100 Meter unterhalb vom K2-Gipfel 7 000 Meter senkrecht ins Tal rutscht und dort weitgehend unkenntlich, aber vollkommen glücklich wieder ankommt, wer im Indischen Ozean von der Maschinengewehrgarbe eines Piraten in zwei Hälften geteilt wird oder aber beim Mikrowelling, dem Kraterklettern in einem garantiert noch nicht erloschenen Vulkan, nunterfliegt bis zum Erdmittelpunkt und dann als Rauchwolke (eine »Smoking« genannte Extremsportart) ins Jenseits schwebt – der kann danach an der Himmelspforte was erzählen, der ist mit der Sehnsucht nach einer Challenge voll auf seine Bestattungskosten gekommen.

Trotz dieser vielfach schon im Reisebüro angebotenen Fluchtmöglichkeiten aus unserer Novembertrostlosigkeit gibt es vereinzelt aber immer noch vollkommen nervenkitzelfreie Hirnheiner, die ihren nicht erfrorenen Zeigefinger erheben und mit ihrem nicht geknebelten Mund warnen, dass es sich bei unserem hohen Adrenalinbedarf möglicherweise um was extrem Pathologisches handelt. Dass wir, die adrenalingeschubsten Adventure-Lemminge, schon eine schöne Epidemie bilden. Und dass aber sie, die außerhalb der Lemminggemeinschaft im Allerseelennebel dahinvegetierenden Lahmärsche, es im Kopf nicht verstehen: Wenn wir einerseits gern auf der Welt sind, am liebsten für immer, und uns andererseits genauso dringlich bei 280 km/h auf der Autobahn wünschen, dass wir an einen Brückenpfeiler brettern, in zwei- bis achttausend Metern erfrieren und ersticken und sodann, möglichst zusammen mit zehn Mann von der Bergwacht, lang vor unserer Zeit das Zeitliche segnen. Im Kopf kann man dieses Extrem-Mysterium aber wahrscheins nicht ergründen. Höchstens später einmal, je nach Glaubensrichtung, im Himmel, im Nirwana oder im Zinksarg. *(2005)*

110

Eines Tages im Zug nach Ebermannstadt

Wenn alte Deppen zwischendurch und ausnahmsweise auch einmal eine gravierende Bemerkung zum Besten geben möchten, sei es nachts um halb zwei im Wirtshaus in den Bierkrug hinein, sei es daheim ins aufmerksam lauschende Sofakissen, dann beginnt ihre Rede mit einem im Stehsatz befindlichen Wort: Früher. Exorbitant früher bin ich einmal zusammen mit drei angehenden Herren, Herrn Reinhard K., Peter K., Manfred R., im Rahmen einiger Schlehengeister der Frage nachgegangen, wofür uns die Evolution verschiedene Gliedmaßen an den Körper hinwachsen hat lassen.

Also etwa die Füße, die Baa, Arme, Hände. Hals und Kopf nicht zu vergessen. Dass man den Hals in erster Linie als Trinkröhre benötigt, in zweiter Linie dafür, dass einem der Kopf nicht runterfällt, haben wir erkenntnistheoretisch verworfen.

Vielmehr hat uns geschwant, dass man sich mit dem Kopf schöne Sachen ausdenken und mit dem Mund und den im Hals ansässigen Stimmbändern drüber reden kann. Und zwar darüber, dass wir uns eines Montags in den Zug nach Ebermannstadt setzen, auf unseren Arsch, fünf Tage durch die Fränkische Schweiz schreiten, teils mit den Füßen, teils mit den Beinen, und mit den Händen tagsüber die zwei Riemen von unserem Rucksack festhalten, abends die Schafkopfkarten und eventuell ein Seidlein Bier. Auf diese Weise haben sich uns Welten erschlossen, dass man es heute nicht mehr glauben möchte. Zum Beispiel die Mondsichel über der Ehrenbürg, das Himmelszelt, den bis heute klingenden Nachhall von Gesprächen in der Finsternis eines Vierbett-Verlieses in der *Stempfermühle,* das Schlürfen der

Wiesent, Bratwurstgehäckbrote in der *Kuchenmühle*, den sanften Lauf eines *Aufsesser* Bieres, Maulwürfe in freier Wildbahn, unverzollte Geister oder die windschiefen Dächer von Stücht, von Wüstenstein, Dürrbrunn, Seelig, Trainmeusel, Wohlmuthshüll, Moggast, Tiefenlesau und Hühnerloh. Je nachdem.

Ich erwähne unsere eigenfußbetriebene Reise durch einen winzigsten Teil der hiesigen Welt deswegen, weil es ungefähr dreißig Jahre her ist und damals fast gleichzeitig unsere Physiker eine ihrer unzähligen Sternstunden gehabt haben: Vielleicht 500 000 Meter über Hühnerloh ist die Raumfähre Columbia majestätisch durch das Universum gedüst. Leider haben wir sie damals da droben nicht gesehen. Erstens war es finster, zweitens haben wir in unsere Schafkopfkarten schauen müssen, ob sich wichtige Trümpfe gehoben haben, drittens kennen wir uns im Universum heute noch nicht aus, ähnlich unseren sieben Milliarden vielfach irdisch orientierten Mitmenschen. Es ist schad drum, denn so eine Raumfähre hoch über Hühnerloh ist eine interessante Sache. In wenigen Minuten befindet man sich mit ihr in vielleicht 700 Kilometern Höhe, was im Vergleich zum Walberla, der Ehrenbürg (532 Meter) verhältnismäßig hoch erscheint; es kostet alles in allem Milliarden, Billionen oder Billiarden, und zwar nicht Huusergnöbf, sondern Euro, und man braucht in 120 Sekunden tausend Tonnen Treibstoff, damit ein Commander plus sechs Mann Besatzung im Nirwana Erkundigungen einziehen können. Und zwar Erkundigungen dahingehend, dass da droben zwischen den Sternen schon was ist, jedoch ziemlich weit, nämlich unendlich weit weg.

Die Erforschung eines unendlich weiten Raumes ist also ein großes Unterfangen. Noch dazu wenn man sich vor Augen führt, was uns zwei vermutlich mit dem Kopf voll auf dem Mars aufgeschlagene Unendlichkeitsforscher dazu zu sagen haben. Der eine: »Als Physiker sind wir in erster Linie Forscher – alles, was es zu erforschen gibt, versuchen wir zu erforschen.« Und das andere Mondkalb: »Eines Tages müssen wir die Erde sowieso verlassen. Je eher wir da Vorbereitungen treffen, desto besser.«

Ach so, ja: Die Raumfähre Columbia ist im Februar 2003 ungefähr 500 Kilometer hoch über Hühnerloh zerbrochen und beim Eintritt in die Atmosphäre der Fränkischen Schweiz erst verkohlt und dann verglüht. Wissenschaftliche Erkenntnis: keine. Wir, die Herren Reinhard K., Peter K., Manfred R. und ich, haben damals nicht 1 000 Tonnen Treibstoff in zwei Minuten benötigt, sondern überschlägig pro Mann 15 örtliche Biere, fünf Bratworschdg'häckbrote, acht Tellersulzn, 0,75 Liter daunenweichen Schlehengeist, zehn Worschdweggla und unendlich viel klare Luft. Wissenschaftliche Erkenntnis: Wir müssen es möglichst bald einmal wieder machen. Bevor sie uns verkohlen und verglühen. *(2005)*

Der Wafflbeck

(Aus der inzwischen beendeten Endlos-Serie »Ich bitte um Milde«)

Wer allein in ein Gasthaus geht, befindet sich dort meist im stillen Dialog mit seinem Bierglas, Schweinebraten, Kalbskotelett, je nachdem; auf sonstige Gespräche legt man, zumindest nicht vor dem fünften Bier, keinerlei Wert. Mithin hätte der Solo-Wirtshaushocker Otto W. auf der Hut sein müssen, wie sich ihm an einem Herbstabend der Kosmetikartikelvertreter Horst F. mit dem Wortschwall genähert hat: »Griss Godd, gelln'S, ein Scheißwetter haid widder. Und ich Depp ohne Reengschirm! Ich hobs meiner Frau den Fräi nu gsachd, stell mer in Schirm an die Gadrob, hobbi gsachd, dassin nedd vergess, in Fall, dass reengt, wall, hodder ja gmeld, Island-Tief, nä, gell. Und nerdirli hodds mer in Schirm nedd hiigschdelld. Is ba Ihner nu a Blädzla frei?«

Menschen mit Mund-Diarrhö sind bei uns selten, aber sie kommen vor. Noch bevor der Otto auf die Frage, ob an seinem vollkommen freien Tisch noch ein Plätzchen frei ist, ein »Hnnnng«, welches »Ja« bedeutet, knurren hat können, ist der Horst bereits auf Tuchfühlung neben ihm gesessen.

»Ein solchernes Sauwetter!«, hat der neue Nachbar sogleich seine Fraternisierungsversuche wieder aufgenommen, »und der Summer is ja aa scheiße gween, odder? Mir sin weechern Wetter ja extra haier nach Madeira gfluung, gell. Und wissen'S, wos gween is – värzza Dooch lang Reeng! Woorn Sie scho amol in Madeira? Des g'herrd fei zu Portugal, lichd obber nedd in Portugal. In Portugal hädds nedd greengd g'habt. Obber in Madeira. Des hodd gschüdd, konn ich Ihner soong, des glaam Sie nedd. Und dou hob ich dann mei

Nagelbettentzündung gräichd, gell. Hom Sie scho amol eine Nagelbettentzündung g'habt?«

Bei der Erwähnung der Nagelbettentzündung auf Madeira hat die Bedienung dem wie wahnsinnig an Schilderungen einer madeirischen Nagelbettentzündung interessierten Otto W. sein bestelltes Kassler mit Sauerkraut und Salzkartoffeln serviert. Dabei hat er mit einem scharfen Blick zum Horst hinüber beiläufig erwähnt, dass man beim Essen nach alter fränkischer Sitte seine Waffl hält. »Einen goudn Abbedidd, gell. Edz hald i aweng mei Goschn, gell«, hat ihm der Horst beigepflichtet, aber leider seinen ihm angeborenen Sprechdurchfall doch nicht derhalten können. »Wall Sie edzer dou ein Kassler Ribbla gräichd hom – wissen Sie, wos in den sogenannten Sommer in Madeira, wos dou mei große Zeher mit der Nagelbettentzündung, wos däi fiir a Farb g'habt hodd? Wenn Sie scho amol eine Nagelbettentzündung g'habt hom, brauch i ja nix soong, gell. A Farb hodd mei große Zeher g'habt, genau asuu wäi Ihr Kassler. Und vorna an der Zeherspitz hodds scho aweng gschillert. Und wenn i draff driggd hob, is undern Nagel der Eiter rauskummer. Suu gelblich-grau. Wäi die Sooß vo Ihrn Sauerkraut. Und dann gräigsd ja aff den Madeira kann gscheidn Doggder, gell. Ledzds Jahr simmer in Florida gween. Dou hommer direggd in unsern Appartmenthaus, hommer einen Doggder g'habt. Ein feiner Mann, konn i Ihner soong, gell. Immer biggobello oozuung. Obber dou hommer kann Doggder braucht. Die Nagelbettentzündung hobbi ja erschd haier gräichd aff Madeira, gell. In Zehernagel homs mer erschd dahamm widder entfernt. In Martha Maria. Wos maaner'S, wos dou nu fiir ein Eiter rausgschbradzld is. Ich hob ja haid nu Schmerzen, gell. Obber der Eiter is herausn. Ka Deema!«

Jetzt am Amtsgericht schilderte der Angeklagte Otto W., dass er an jenem Abend eigentlich seine mittelfränkische Ruhe gesucht hat, unter keinen Umständen aber ein maschinengewehrartiges Gwaaf über Ärzte in Florida, über das Wetter, über vergessene Regenschirme, Madeira nauf und nunter und schon gleich gar nicht über eitrige Nagelbettentzündungen, welche frappierende Ähnlichkeiten mit seinem Kassler Rippchen aufweisen.

»Ich hob weecher den Wafflbeck«, sagte der Otto aus, »mein Teller mit meim Kassler gnummer und hob mi am Nachbertisch hii g'hockd. Und nou hodd mich der Gnaller aus Madeira stolpern loun. Blouß wall i zu ihn gsachd hob, es wär gscheider gween, sie hädd nern in Martha Maria nedd sein Zehernagel raus operiert, sondern sei Zunger.«

Der Aussage widersprach der Horst energisch. Nie und nimmer habe er Herrn Otto W. damals im Gasthaus stolpern lassen. Vielmehr sei ihm dieser unter wüsten Beschimpfungen mit beiden Füßen genau auf die frisch nageloperierte große Zehe mehrfach und rumpelstilzchenartig draufgehupft und habe ihm die Reste vom Kassler Rippchen, Sauerkraut und Salzkartoffeln über den Kopf geschüttet. Wegen Körperverletzung muss der Otto 800 Euro Strafe zahlen. »Wall der Richter gsachd hodd: 800 Euro«, hörte man noch im Sitzungssaal den Horst elegant an das Urteil anknüpfen, »däi värzza Dooch Madeira hom pro Person fei aa 800 Euro kost, gell! Obber dou is es ledzte Wort noch nicht gsprochn, wall …« – »Wall«, ergänzte der Otto, »wall ba manche Oorschlecher es letzte Wort nie gschbrochn werd.«   *(2009)*

116

So, Herrschaften! (Und Frauschaften selbstverständlich auch!) Jetzt schauen wir Wohltäter, wir Jubeldeutschen, Moraloberlehrer, wir Selbstgerechten unter den Völkern, Gutmenschen etc. aber ganz schön blöd aus der vorsichtshalber einmal noch nicht gespendeten Wäsch. Da bringen wir den Migrationshintergründlingen buchstäblich unser letztes Hemmerd dar, liefern in extremer Selbstlosigkeit fünf Paar Wollsocken ab, davon einige sogar ungestopft, den nur 30 Jahre alten Smoking, falls ein Flüchtling den heuer vermutlich wieder stattfindenden Nürnberger Opernball besuchen möchte, einige sehr gut eingelaufene, weitgehend geruchsfreie Adiletten, verhältnismäßig lange Unterhosen, Bikini-Oberteile, Bikini-Unterteile, nur ganz leicht angebissene Schnuller und viele, viele andere je nachdem vom Mund oder vom Arsch abgesparte Wertgegenstände, also Spendabilität in extremo und in excelsis deo. Und was ist der Dank dafür?! Ich sage nur: Silvesternacht in Köln. Und nicht nur Köln, sondern auch Nürnberg, Ansbach und Feuchtwangen, wo jeweils arabisch lallende Vollknalldeppen in Zusammenarbeit mit nicht minder vollknalldeppenhaften Schwarzafrikanern ebenfalls im Rahmen einer organisierten Griffl-, Grabsch- und Geschlechtsverkehrsorgie Frauen überfallen haben.

Dank eines beispielhaften Polizeieinsatzes, speziell in Köln, wissen wir über die Täter und ihre unter Umständen von Allah persönlich eingegebenen Motive einiges, und zwar nicht viel.

Aber immerhin lässt sich aus jenen Vorfällen in Köln, Nürnberg, Ansbach und Feuchtwangen schließen, dass alle eine Million oder mehr Flüchtlinge (genaue Zahlen will das Nürnberger Bamf spätestens bis zum Jahr 2050 ermitteln) Griffler, Grabscher und sexuelle Ungeheuer sind. Selbstverständlich auch deren mitgeführte Kinder, denn auch ein momentan vielleicht erst zweijähriger Muslim wird, reichlich ernährt durch unsere Steuergelder, von Tag zu Tag älter und sexueller und langt uns dann in ca. 17, 18 Jahren am Kölner Domplatz, in Nürnberg, Ansbach oder Feuchtwangen in die Hose.

Ich erwähne rückblickend unsere so schlecht gedankten Wohltaten nur deswegen, weil uns kurz nach jenen Silvesterübergriffen weitere Missetaten auf dem gleichen Gebiet und in ähnlichem Umfang gemeldet worden sind. In diesem Fall allerdings nicht aus Köln, Nürnberg, Ansbach oder Feuchtwangen, sondern aus Regensburg. Und zwar Griffln, Grabschn und Vergewaltigung, Prügelstrafen, Körperverletzungen, grobe Demütigungen aller Art, begangen von kirchlichen Oberhirten an den ihnen anvertrauten Kindern der Regensburger Domspatzen. Und es sind jetzt da und dort sehr leise Stimmen nicht direkt erhoben, eher gesenkt worden, die da gelautet, besser: geleiset haben: Recht viel besser als jene Brachial-Baraber sind wir Christen scheint's manchmal auch nicht. Diese Haltung aber zeugt erstens von Unkenntnis und ist infolgedessen zweitens ein vollkommener Schmarrn.

Zum Beispiel ist der pastorale Missbrauch in Regensburg nicht in der Silvesternacht 2015 auf 2016 passiert, sondern im Zeitraum von etwa 35 Jahren, zwischen ungefähr 1960 und 1995. Und ein Gutachter hat dieser Tage öffentlich festgestellt, es seien seiner Befragung von Opfern gemäß bis zu 700 Kinder in allen erdenklichen und womöglich auch unerdenklichen Handhabungen missbraucht worden. Nur 700 Kinder in 35 Jahren oder umgerechnet in 12.775 Tagen! Das macht pro Tag oder auch pro Internatsnacht lediglich 0,05 Opfer. Also nie und nimmer vergleichbar mit der Silvesternacht von Köln. Erwähnt werden muss im Übrigen, dass der Missbrauch nach ursprünglicher Überzeugung des seinerzeit in Regensburg tätigen beziehungsweise tätlichen Bischofs Gerhard Müller überhaupt nicht stattgefunden hat. Vielmehr habe es sich um eine Hetzkampagne gegen ihn gehandelt. Und wie es dann auf einmal keine Hetzkampagne mehr war, hat die katholische Kirche reumütig bis dorthinaus sehr tief in den Klingelbeutel gegriffen. Für jedes Opfer – damals waren es erst 72 – hätten sage und jubiliere 2500 Euro als Entschädigung ausbezahlt werden sollen. Das Vermögen der katholischen Kirche in Deutschland beläuft sich auf 270 Milliarden Euro.

Im Übrigen haben sich die geistlichen Herren damals lediglich an einen schönen Merksatz aus der Lehre der Gewinn- und Verlustrechnung gehalten: Lieber die Hand im Domspatz als die Taube als Symbol des Heiligen Geistes am Altar. Und wenn man schon den unsinnigen Vergleich zwischen der Silvesternacht in Köln und dem Alltag in Regensburg anstellen will, dann soll man sich gefälligst die neulich geäußerten Worte des Bundesjustizministers Heiko Maas durch den Kopf gehen lassen: »Wer an den Taten beteiligt war, ist ein Krimineller, und so muss er auch behandelt werden.« Der ehemalige Bischof Müller ist jetzt Kurienkardinal in Rom und Präfekt der Glaubenskongregation, und der damalige Chorchef Georg Ratzinger befindet sich mehr oder weniger im Ruhestand, schreibt schöne Bücher, unter anderem über seinen Bruder, den Papst, und ist vor einigen Jahren von Gerhard Müller zum Ehrendomherrn des Regensburger Doms ernannt worden. Amen.   *(2016)*

Im Lauf der Zeit

Nur einmal den sehr seltenen Fall angenommen, jemand wäre in Scheeßel an der Wümme oder wo mehr oder weniger beheimatet, also verhältnismäßig weit weg von einer mittelfränkischen Gemütlichkeit, von samtweichen Konsonanten aller Art, von spitzigen Dachgiebeln, von einem vielleicht an das Mittelniedermongolische gemahnenden Dialekt, von gummiartigen, rollbaren Speisebeilagen namens Gniedla, von sogenannten Bratwürsten, zu denen nicht selten statt Messer und Gabel ein Mikroskop gereicht wird, von Gässlein, Erkerlein, Plätzlein, nicht zu vergessen: weit entfernt auch von jenen zu Ehren der Heiligen Kalorie milliardenfach gestanzten Lebküchlein. Würde so jemand eines Tages – womöglich auch noch während der staden Zeit, wo es hierorts richtig laut wird – auf die Idee kommen, sich nach Nürnberg zu begeben? Und wenn ja, warum?

Eine Art Tatsache ist, dass alle Jahre wieder, vornehmlich in der Zwetschgermännlazeit, Flieger auf unseren Airport im Knoblauchsland herniedersinken, Busse, Bahnen, Bkw (»B« sagt man hier bekanntlich zum »P«) in die Weihnachtswelthauptstadt brettern und sich die aus 2,5 Millionen Menschen bestehenden himmlischen Heerscharen durch die erwähnten Gässlein quetschen. Der Nürnberger Tourismus- und Wundverband vermutet: Man sucht in Nürnberg die Romantik, die hier schon mehrfach entdeckt worden ist. So steht es auch im Prospekt drin, und dann wird es schon stimmen. Viele Besucher kommen sogar ein zweites Mal.

Dass man diesen Drang zur Romantik bis hinauf nach Scheeßel an der Wümme, bis nach Hamburg, Berlin, Wuppertal, Amerika, Schweiz, Japan, ja sogar bis Fürth massenhaft verspürt – das kann der Nürnberger an sich, falls es den konsumforschungsgerechten Parade-Nürnberger gibt, jedes Jahr beim besten Unwillen immer überhaupt nicht verstehen. Der Nürnberger an sich hat nämlich in der Regel daheim eine kleine Nebenerwerbstiefstapelei, heißt infolgedessen mit Nachnamen häufig Bemmerlein, Scheuerlein, Köhnlein, Käferlein, Steinlein, Schönlein, Kleinlein, neuerdings auch Online, und stellt sein Licht gern dahin, wo es Finanzamt und Steuerfahndung nicht sehen, nämlich unter den Scheffel. So könnte man sich etwa auch die Kleinheit der hiesigen Bratwürste erklären. Und so erschließt sich ebenfalls eine der schönsten örtlichen Redensarten, gern benützt als Schlussbemerkung eines von langatmigen Großansprachen gepeinigten, aber überhaupt nicht beeindruckten Zuhörers: »Häddn Sie's aa aweng glenner?« (Hätten Sie es auch ein bisschen kleiner?) Kleinheit und Konjunktive schätzt der Nürnberger sehr.

Die Frage wäre dann also: Was juckt den von der Wümme oder von Wisconsin anreisenden Gast mehr – das riesengroße Füllhorn Romantik, das das halbwegs städtische Propaganda-Referat auf Schritt und Tritt über dem Besucher ausschüttet, dass er fast keine Luft, geschweige denn eine Lust mehr kriegt, oder der uns Eingeborenen spätestens seit 1945 innewohnende Hang zur Verkleinerung?

Er sollte sich für Letzteres interessieren.

Denn die Wahrheit dürfte doch sein: Romantik hammer hier ungefähr in der gleichen Menge, wie sie auch in Wuppertal, Wanne-Eickel, Wolfsburg oder in Scheeßel an der Wümme vorkommt. Aber was die altpatrizische Großmannssucht anbelangt, da waren wir einzigartig, die ist bei uns sorgsam gepflegt worden. Von 1050, dem amtlichen städtischen Ersterwähnungsdatum, bis 1933, und von da an noch einmal genau 1000 Jahre lang: Des Deutschen Reiches Schatzkästlein, des Deutschen Reiches Waffenschmiedlein, die blühendste aller Städte, die freieste aller Freien Reichsstädte, ein steinerner Lobgesang, eine Hochburg in allen möglichen Disziplinen vom Zerzabelshofer Flachpassparadies bis zur Weltspielzeugzentrale, die Stadt der Reichsparteitage, ein mindestens weltkugelgroßer, hoch über allen Häuptern schwebender Riesenluftballon, festgeknotet ungefähr zwischen Dürer und Führer.

Am 2. Januar 1945 ist das aufgeblasene Alptraumschiff der mörderisch größenwahnsinnigen Reichsverweser, Hitlers buchstäblich heiß geliebte Spießerburg, innerhalb von 50 Minuten in Flammen aufgegangen. Ein weiterer Englischer Gruß, diesmal nicht von Veit Stoß, sondern von 521 Bomberpiloten der königlich-britischen Luftwaffe. 1933, am Tag der Machtergreifung, hatten in der Nürnberger Altstadt die Glocken der großen Kirchen geläutet. Nicht von selber, vermutlich. In der Nacht, als die Nürnberger Altstadt starb, war nix zu hören. Jedenfalls kein Glockenläuten.

Der Berliner Autor und Theaterkritiker Alfred Kerr (1867–1948) war nach dem Krieg aus der Emigration in London zurückgekehrt und hatte nach einem Nürnbergbesuch in einer Zeitungsreportage vorgeschlagen: »… so daß im ersten Augenblick der Gedanke nicht abwegig erscheint: dies Trümmertal seinem Zustand zu überlassen und ein neues Nürnberg nebenan zu erbauen.« Da sind die Nürnberger, sofern sie die bizarre Empfehlung überhaupt mitgekriegt haben, schon gscheit erschrocken. Und: Gebranntes Kind scheut eines Tages halt doch das Feuer. Zum Zündeln hat heutzutage kaum mehr jemand Lust. Ein paar hirnverbrannte Glatzköpfe einmal ausgenommen. Im Gegensatz zu einer auch nicht gerade wohlüberlegten, öffentlich geäußerten, dann aber in aller Form zurückgenommenen Bemerkung eines ehemaligen Oberbürgermeisters (»Es langt jetzt langsam mit dem dauernden Gedenken an die Nazizeit, wir gedenken doch auch nicht jeden zweiten Tag des Dreißigjährigen Krieges.«) geht das Gros der Nürnberger mit seiner Gesamtvergangenheit recht differenziert, geradezu nachdenklich um. Ausnahmen (etwa als man im WM-Jahr 2006 die Verhüllung des Schönen Brunnens mit Stadionsitzen als »entartete Kunst« einstufte und den Installationskünstler Olaf Metzel dringend »ins KZ« wünschte) bestätigen hoffentlich die Regel.

»A bissla« oder »aweng« (sagen wir hier – also »ein bisschen«, »ein wenig«) sind wir schon stölzlein auf unsere schönste kleine Großstadt der Welt, auf die Dürer und Stoß, die Sachs und Kraft, die Vischer und Henlein, die Behaim und Volckamer, auf die Maler, Holzschnitzer, Erzgießer, Tüftler, Entdecker und Erfinder schöner Gärten für Obst und Südfrüchte. Und laut sagen wir es meist nicht, aber manchmal denken wir es uns doch: Ob nicht von der ganzen gotischen Großkotzerei, von der jahrhundertelangen Diktatur des Patriziats bei allem Gerede von der Stadtluft, die frei macht, ob da nicht doch eine ziemlich direkte Linie hinführt zu jenem Trümmerhaufen des 2. Januar 1945?

Fast acht Jahrhunderte lang haben unsere Altvordern doch vor lauter Hybris kaum mehr laufen können, später dann offenbar auch nicht mehr denken: Das klügste Freie-Reichsstadt-Regiment weit und breit, die reichsten Pfeffersäcke, die dicksten Kaufmannszüge, die höchste Kaiserburg, Hort der Reichskleinodien, Lieblingsstadt aller gekrönten Häupter, aller Waffenhändler und

Gschäftlasmacher. Die einzige, allerdings schmerzliche Störung des Wachstums bis hinauf in den Himmel: 1806 war die einstige Megametropole bankrott, abgwirtschaftet vom patrizischen Rat und dessen Raffgier, auf Napoleons dringliche Empfehlung Einverleibung ins bayerische Königreich mit anschließender Runderneuerung. So rund, dass schon bald wieder neue Superlative freudig notiert wurden. Die 1. Eisenbahn Deutschlands, die 1. Bogenlampe der Welt, 1. Spielzeughauptstadt des Universums, 1. FC Nürnberg.

Und dann hat ein Tapezierer sein Nürnberg entdeckt. Stadt der Reichsparteitage für die Dauer von mindestens 1 000 Jahren. Reichsparteitag, Reichspogromnacht, Rassengesetze, Gesetz zum Schutz deutschen Blutes und deutscher Ehre – das hatte hierzulande womöglich schon seinen wortwörtlich sumpfigen Nährboden. Im Überschwemmungsgebiet an der Pegnitz hatten sich zu Beginn des 12. Jahrhunderts Juden, vermutlich Kreuzzugflüchtlinge, angesiedelt.

Am 5. Dezember 1349 färbte sich das Brackwasser zwischen den ärmlichen Behausungen blutrot. Mit ausdrücklicher Billigung des ehrwürdigen patrizischen Rates der Stadt – man darf es auch Anstiftung und Rädelsführung nennen – fallen die Nürnberger über die Gettobewohner her, erstechen, erschlagen, erwürgen 562 Männer, Frauen und Kinder, rauben deren bisschen Habe und Geld. Die Überlebenden schleift man vor die Stadt und richtet sie hin. Tod durch Verbrennen am Scheiterhaufen. Schon kurze Zeit später entstehen an der Stelle des Judengettos der Nürnberger Hauptmarkt und die Frauenkirche.

Das war nur eines von vielen Pogromen. Vom Jahr 1499 an haben Juden in Nürnberg kein Ansiedlungsrecht mehr. Im Jahr 1850, nach rund 350 Jahren, darf der erste jüdische Mitbürger wieder mit amtlicher Billigung seinen Wohnsitz nach Nürnberg verlegen.

Bis zur Pogromnacht des 9. November 1938 hat die jüdische Gemeinde der Stadt 10 000 Mitglieder. Im Mai 1945, nach Kriegsende, sind es noch knapp 50.

Noch in den Sechzigerjahren des 20. Jahrhunderts erschienene Nürnberger Geschichtsbücher widmen dem gleichermaßen hässlichen wie folgenschweren Teil unserer Vergangenheit ein paar, oder noch barmherziger: gar keine Zeilen.

Doch die Zeiten halb- bis dreiviertelblinder Nürnberger Butzenscheibensicht sind nach langer Bedenkpause vorbei. Zu hoffen ist: Für immer. Seit 1993 heißt die Gasse zwischen *Germanischem Nationalmuseum* und *Gewerkschafthaus* in der Lorenzer Altstadt »Straße der Menschenrechte«, gestaltet von dem israelischen Künstler Dani Karavan. Seit 1995 wird alle zwei Jahre in Nürnberg der Internationale Preis der Menschenrechte verliehen. Und 2001 übergab die Stadtverwaltung ihren Bürgern das aus städtischen Mitteln und Geld von Bund, Freistaat und Privatsponsoren finanzierte *Dokumentationszentrum Reichsparteitagsgelände* – ein Museum gegen den Gedächtnisschwund. Der Grazer Baukünstler Günther Domenig hat das wie einen Pfahl in die alte Nazi-Kongresshalle stoßende Bauwerk entworfen. Es ist sieben Tage in der Woche geöffnet, auch oder vor allem: für uns Nürnberger. Und wir möchten es hiermit von ganzem Lebkuchenherzen auch dringend unseren Gästen in ihre Erledigungsliste schreiben. Und drunter dann all die anderen schönen Nürnberger Kleinigkeiten: Sechs mit Meerrettich mit Bier, mit Schlehengeist und mit Spargelsalat (letzterer aber nur von April bis Johanni),

Lebkuchen (besser nur von September bis Januar), das Volkstheaterstück *Schweig, Bub!* von Fitzgerald Kusz (seit 30 Jahren auf dem Spielplan), eine Ausstellung mit Bildern von Toni Burghart (von ihm stammt der gezeichnete Sinnspruch »Nürnberg ist am Arsch der Welt. Wer hat es da wohl hingestellt?«), einen Besuch im Puppentheater, einen Ausflug in die Fränkische Schweiz (kleinstes Gebirge der Welt), einen Spaziergang durch die vielen Kulturen in der Südstadt, eine Fahrt mit der U-Bahn nach Fürth zur Toleranzforschung (ohne Visum über die Stadtgrenze!), eine Gedenkminute vor dem Denkmal des Nürnberger Komikers Herbert Hisel (das es noch nicht gibt), eineinhalb Stunden im Franken-stadion beim Glubb (das zuletzt Grundig-Stadion hieß, aber bald wahrscheinlich schon wieder ganz anders). Um nur ein paar Beispiele unserer kleinen Sehens-, Ess- und Trinkwürdigkeiten zu nennen, die wir Nürnberger auch sehr schätzen.

Und sollte dabei jemandem ein örtlicher Hirnheiner begegnen, der ihm was Schwülstiges vom sandsteiner-nen, vollgotischen Ruhmreichtum Nürnbergs durch die nach oben gerichtete Nase trompetet, dann möge er ihn bittschön wieder in die uns angeborene Körper-größe zurückweisen. Mit dem eingangs erwähnten Satz: »Häddn Sie's nedd aweng glenner!?« Auch wenn das Erlernen dieses Satzes einem Christkindlesmarktbesu-cher aus Scheeßel an der Wümme nicht so ganz leicht fallen dürfte.   *(2007)*

Die Schnakenkreuzler von Gräfenberg

Dieser Tage sind wieder einige Kameleinheiten im PaSSgang naus ins schöne Gräfenberg galoppiert, auf Braunbier-Safari. Die Blökwarte der örtlichen Glatzen-Kameradschaft auf Wandertag. Diese Ausflüge unter freiem Himmler zum Gräfenberger Kriecherdenkmal finden ja schon seit geraumer Zeit statt und werden auch in Zukunft mindestens einmal im Monat höchstrichterlich gestattet.

Warum, weiß niemand. Und warum dem Schicklgruber seine Mumienanbeter in ihrer Form als NPD wegen vorsätzlicher Unzurechnungsfähigkeit in Tateinheit mit grober Hohlraumversiegelung nicht verboten sind, weiß man da und dort auch manchmal nicht so ganz genau. Man fragt sich nach dem tieferen Sinn einer vom Staat bezahlten Nazi-Partei und aller anderen Rechtsradikahlen.

Jenen Befürwortern eines NPD-Verbotes, jenen Bedenkenträgern, die auch liebend gern die Aufmärsche der Hohligans in Gräfenberg aus der Welt geräumt sähen, muss man aber endlich einmal ganz entschieden entgegenhalten, dass wir mit so einem Verbot um einen lehrreichen Anschauungsunterricht, um ein großes Vergnügen, um eine völkische Belustigung sondergleichen gebracht werden würden.

Denn wo sonst, wenn nicht einmal monatlich in Gräfenberg, könnte man dann noch einen solchen Faschings- beziehungsweise Faschistenzug, eine Ganzjahresgeisterbahn kostenlos und praktisch in freier Wildbahn besichtigen?

Früher hat man hier bei uns in Nürnberg die großen Gichtgestalten wie etwa einen Streicher, einen Holz oder einen Liebel praktisch jeden Tag anschauen können, dass sie einem schon zum Hals oder an dessen Gegenpol rausgewachsen sind. Aber heute siehst du diese physikalischen Weltwunder – brauner Odel in festem Aggregatzustand – verhältnismäßig selten.

Also ist es für die politische Bildung doch äußerst wichtig, dass es eine NPD und ihr Aufmarschgebiet in Gräfenberg gibt. Da kann man sich an den Straßenrand hinstellen und den Hampelmännern und Sprechpuppen zuhören, wie sie vollautomatisch und manchmal sogar auswendig sagen, dass Toitschland den Toitschen gehört und Ausländer raus müssen. Nicht nur aus Gräfenberg, sondern raus aus ganz Großdeutschland. Denn Toitschland ist ja bekanntlich immer noch ein besetztes Land. Früher ist es bis Königsberg und Stalingrad gegangen, noch früher bis zum Ural und höchstens 5 000 Jahre zuvor mindestens bis in die Mongolei. Sogar die ganze Welt hat uns schon gehört, und zwar morgen. Haben die vollkommen arischen Schrumpfgermanen alles ganz allein erforscht.

Und mit der Zeitrechnung kennen sich diese Verheerschatten sehr gut aus, denn ihr Reich hätte gemäß den Berechnungen des Tapezierers Adolf Hitler insgesamt 1 000 Jahre dauern sollen. So alt wird jedoch keine Sau, auch kein Tapezierer, und deswegen ist es nach zwölf Jahren gschwind zu einer kurzen Auszeit gekommen. Also hammer jetzt noch 988 Jahre, und je eher wir sie hinter uns bringen, desto besser – werden sich die Rechtsexkrementisten denken.

Muss lediglich noch die Frage erörtert werden, womit sie denken. Ihr Hirn kann es nach neueren Erkenntnissen nicht sein, denn von einem fränkischen Birnengeist – also einem Minimum Geist in der Birne – scheinen sie noch einige Lichtjahre entfernt zu sein.

Bei diesen Metaphern taucht jetzt aber noch eine weitere Frage auf. Nämlich: Darf man den tapferen Gräfenberger Denkmal-Kriechern, unseren reinrassigen fränkischen Einmonatsfliegen zum Beispiel mangelnden Birnengeist vorwerfen? Darf man sie als »Schrumpfgermanen«, »Spinnheads«, »Hampelmänner« oder »Stunkstiefel« lobpreisen?

Diese Frage ist von hoher Brisanz, da ein Nürnberger Stadtrat, Arno Hamburger, die gesamte Heil-Armee neulich pauschal als Verbrecher eingestuft hat. Und dann ist er wegen Beleidigung, Verleumdung und Rufschädigung angezeigt worden. Ob er jetzt damit ganz normale Verbrecher verleumdet, beleidigt und deren Ruf geschädigt hat, wissen wir nicht. Aber wir wissen, dass man auf der Hut sein muss.

Würde man die fränkischen Marschkolonnen ohne »M« schreiben, würde man sie wegen ihrer berühmten Politik der kleinen Nadelstiche als »Schnakenkreuzler« bezeichnen – zack, schon hätte man einen edlen Körperteil oder ein kleines Tier beleidigt und verleumdet. Wenn wir also in ungefähr vier Wochen wieder die höchstrichterlich genehmigte Kleine Bierschau in Gräfenberg besuchen – von Glorifizierungen wie »Brauner Odello«, »Schicklgrubenleerer« oder »Neonazipfel« werden wir auf jeden Fall Abstand nehmen. Nicht dass sie sich noch geschmeichelt fühlen. *(2007)*

Brüderlich vereint

Wo drückt uns momentan der Schuh am schmerzhaftesten – Erderwärmung, Abschmelzen der Poklappen beim Spazierenhupfen durch die glühend heißen Fußgängerzonen, der Hinausflug in die Freiheit von 700 Quelle-Mitarbeitern, die G-8-Zipfel, Mieterhöhungen, Benzinpreis, Post- und Bahn-Privatisierung? Gottseidank alles Lappalien, die uns voll am Hüft-Archipel vorbeigehen!

Was aber zurzeit jeden einigermaßen hirnfreien Menschen bis in die Tiefe seiner Eingeweide hinein wirklich und nahezu peristaltisch erregt und bewegt, ist die seit Tagen bis in höchste politische Ebenen hinauf diskutierte Frage: Wie beflaggen wir am unmittelbar bevorstehenden Frankentag unsere Gebäude richtig? Der Wind weht zurzeit anscheinend günstig für fränkische Beflaggungsfragen, und so befassen sich damit leibhaftige Ministerpräsidenten, Innenminister, Parteivorsitzende aller Art, Oberbürgermeister, Fahnenjunker, Biertrinker, Fahnenstoffhändler. Und zwar befassen sie sich nicht nur mit großer Inbrunst mit diesem wahrhaft gravierenden, flatterhaften Problem, sondern auch mit Recht. Denn eine Fahne ist, wie jeder Depp weiß, was Heiliges.

Hinter ihr herziehend sind in den Jahrtausenden der Menschheitsgeschichte schon viele einheitlich gekleidete Fußgänger unheimlich weit gekommen. Teilweise bis nach Stalingrad. Wobei das schmückende Adverb »teilweise« in diesem Zusammenhang buchstäblich zu verstehen ist, da an den erwähnten Fußgängern bei Erreichen des Wanderzieles häufig nicht mehr alle Teile dran waren. Stalingrad war aber noch nicht einmal das Weiteste, wo die hinter ihren heiligen Fahnen marschierenden Millionen angekommen sind. Unzählige von ihnen haben es sogar bis ins Jenseits geschafft.

Eine Fahne ist also ein höheres Wesen mit größter Anziehungskraft. Verstandesmäßig kann man dieses Phänomen nicht genau erklären, es ist eine metaphysisch-manisch-paranoide Erscheinung. Nach circa zwölf Bieren kann man es vielleicht ergründen. Das gilt natürlich auch für die rotweiße Frankenfahne, die jetzt dann am 2. Juli, dem ebenfalls ziemlich heiligen Frankentag, unter Umständen sogar am Nürnberger Rathaus gehisst werden soll. Hinter ihr herziehen so wie in den früheren großen Zeiten kann man momentan leider noch nicht, aber das kommt sicher auch bald wieder. Schließlich handelt es sich ja bei dem ganzen Heiligtumsevent um fest in uns verwurzelte, tief in die fränkischen Seele implantierte Sehnsüchte. Sagen die fränkischen Fahnenforscher. Und dunkelbraun ahnen wir, was sie vielleicht damit meinen.

Erinnert sei hier nur an eine weitere große Heiligkeit im fränkischen Super-GAU, nämlich an den Hesselberg, an den heiligen Berg der Franken. Das war halt damals noch ein fränkisches Brauch- und Rauchtum! Wie der später in der ganzen Welt berühmte Pornograph Julius Streicher im Schweiße seiner Glatze sich auf den Hesselberg hinauffahren hat lassen und dort zu 100 000 vollkommen fränkischen Menschen, darunter nicht wenigen evangelischen SSeelsorgern, praktisch späteren Widerstandskämpfern, den Fahneneid vorgesprochen hat. Nicht selten ganz ohne Entlallertabletten.

Auf diesem einstigen höchsten Frankentag in ganz Franken sind neben dem hierorts gut bekannten Bischof Meiser manchmal sogar Adolf Hitler oder Hermann

Göring persönlich erschienen. So haben damals schon ein Frankentag und eine rotweiße Fahne die verschiedenartigsten Menschen, ob Pornographen, Massenmörder, Rassenforscher oder Landesbischöfe, in ihren Bann gezogen, brüderlich vereint.

Bei so schönen, herrlichen alten Bräuchen – da müsste man uns doch ins Hirn g'schissn haben, wenn wir die nicht endlich wieder aus ihrem Dornhöschenschlaf erwecken würden. Und deswegen danken wir hiermit von ganzem rotweißen Herzen, dass sich unsere obersten Repräsentanten darüber schwere Gedanken machen, ob wir demnächst am 2. Juli am Nürnberger Rathaus oder am Karl-Bröger-Haus die Frankenfahne aufziehen dürfen, wie lang sie dort hängen darf, und ob es ein hoheitlicher Akt mit amtlicher Genehmigungspflicht ist oder nicht. Von selber wären wir Deppen auf solche schwerwiegenden Gedanken nie und nimmer gekommen. Es ist doch schön, wenn sich jemand für uns den Kopf zerbricht, obwohl er gar keinen hat.   *(2007)*

Kann sich vielleicht noch wer an die zwei Maß Bier vom Beckstein erinnern? Dass man danach noch einigerMaßen fahrtüchtig ist und so weiter? Dem tät ich ohne weiteres hinzufügen: Man ist danach vielleicht sogar noch halbwegs denktüchtig. Zwei Maß, also vier Seidla, sagen wir *Buttenheimer St. Georgen* unter freiem Himmel mit Butterbrot und Rettich, da fängt dein Gemüt schon an, sich ein bissla zu verklären, ganz leichter, angenehmer Schwindel im Gniedlaskopf.

Dieser schöne und erwünschte Anfangsschwindel ist ganz genau die richtige Basis, dass du dich einmal mit den schwindelerregenden Zahlen befasst, die seit geraumer Zeit auf uns herniederprasseln.

30 Millionen Abfindung für irgendeinen dahergelaufenen Xundschrumpfer, 40 Millionen für einen wildgewordenen Schlank- oder Plattmacher, Bewährung für einen Zumwinkel, 100 Millionen für einen Porsche-Verkäufer, 50 Millionen für einen Fata-Morgana-Konstrukteur bei Siemens. Also nicht 50 Millionen am Backn nauf, sondern alles Euro, aufs Konto, zum Verjubeln.

Oder es geht dir neben dem erwähnten Buttenheimer noch durch den Kopf: Das Privatvermögen in Deutschland beträgt fast sechs Billionen. Ohne Gewähr, wahrscheinlich ist es mehr. Das würden runtergerechnet auf unser schönes Pegnitz-Regnitzgebiet, auch Metropolregion genannt, vielleicht 40 bis 50 Milliarden sein. Euro. Privatvermögen. (Auch ohne Gewähr, wegen überschäumendem Buttenheimer).

Und sodann denkst du dir, im Konjunktiv: Jetzt müsste man unsere hiesigen Milliardäre und Millionäre in trauter Vereinigung mit ihren 50 000 000 000 zinsertragenden

Mäusen einmal versammeln und ihnen die schöne G'schicht vom letzten Hemmerd erzählen, welches aus gutem Grund keine Taschen hat.

Oder ein einigermaßen bodenständiger Pfarrer erklärt der Monetariergemeinde, dass er, der Pfarrer, zwar vorläufig immer noch an den Himmel glaubt, aber nicht an ein dort oben erhobenes Eintrittsgeld, oder dass es statt Manna Investmentfonds gibt. Und dann liest er ihnen noch die Bergpredigt vor (Matthäus 5–7). Dort heißt es ganz am Schluss: Man zündet auch nicht ein Licht an und stellt es unter den Scheffel, damit es das Finanzamt nicht sieht, sondern man stellt es auf einen Leuchter; so leuchtet es allen, die im Hause sind. Also lasset euer Licht leuchten. Ende des nicht ganz ordnungsgemäßen Zitats.

Als Licht könnte man jetzt neben vielem anderen meinetwegen die 50 Milliarden nehmen und sie für alle, die nicht nur in Kitzbühel, St. Moritz, Liechtenstein, sondern für alle, die laut Matthäus oder Jesus im Hause und auf der Straße sind, leuchten lassen. Man müsste es ihnen gar nicht wegnehmen (obwohl – auch keine ganz doofe Idee), sondern jemand bringt's eilenden Zinsfußes in die Lorenzer Straße auf die Sparkasse und handelt ungefähr fünf Prozent per anno aus. Ob dann so ein Bundesbank-Hirnheiner noch so blöd wie im letzten Jahr (damals noch Berliner Finanzsenator, und bei der SPD!) daherreden müsste, dass ein Hartz-IV-Almosenempfänger ohne Weiteres von 4,20 Euro am Tag leben kann, wäre noch die Frage. Höchstwahrscheinlich würde es vielen fünf Prozent besser gehen und einigen wenigen 0,05 Promille schlechter.

Apropos Promille: Jetzt zischt am Keller in Buttenheim gerade das vierte Seidla in den Krug rein, und wir müssen schon aufhören mit unserem ausgleichenden

Gerechtigkeitsfimmel. Nicht ohne Grund haben die vier Bier, umgerechnet zwei Maß, den Beckstein damals um das Ministerpräsidentenamt gebracht und sind polizeilich streng verboten. Vier Bier – da könnt ja in St. Moritz oder wo die bis dorthinaus unnötige Ballastrevolution ausbrechen!

P.S.: Wer über den Vorhimmel auf Erden was Genaueres wissen möchte, diesmal garantiert alkoholfrei und nicht nur über die Pegnitz-Regnitz-Region, sondern global – dem sei das Buch von Heiner Geißler empfohlen. Es heißt *Ou Topos*, woher unser Wort Utopie stammt. Untertitel: *Suche nach dem Ort, den es geben müßte*. Es ist bei *Kiepenheuer & Witsch* erschienen und kostet 18,95 Euro. 18,95 – dafür müsste, solange dieser Konjunktiv noch nicht abgeschafft ist, ein Hartz-IV-Empfänger fast fünf Tage hungern, von einem Buttenheimer gar nicht zu reden; ein Milliardär könnte es sich 50 Millionen Mal in den Bücherschrank stellen. Aber er wird es nicht lesen.   *(2009)*

Auch in früheren Zeiten haben Jahre meistens aus 365 Tagen bestanden. Aber damals sind Tage wie etwa ein Dienstag, ein Donnerstag, ja selbst beziehungsweise vor allem ein Sonntag an uns vorbeigebrettert wie nix. Solche Tage, zu denen man durchaus auch noch Montage, Mittwoche, Frei- und Samstage zählen kann, sind selten in unser Bewusstsein vorgedrungen, also auch nicht ins Sein. Da mögen teilweise wunderschöne Tage dabei gewesen sein, aber sie sind vergessen, verschlafen, vergeigt.

Das furchtbare Defizit im nationalen wie internationalen Tagbau hat erst in neuerer Zeit einigermaßen ausgeglichen werden können, mit der Einführung verschiedener Gedenktage. Und inzwischen darf man von der völligen Komplettierung des Jahres mit Gedenktagen sprechen. Gedenktagfreie Tage gibt es nicht mehr: Muttertag, Vatertag, Butterbrottag, 17. Mai Welttelefontag, 31. Mai Weltnichtrauchertag, Internationaler Tag der zivilen Luftfahrt, Welttoilettentag (19. November), Tag zur Erhaltung der Ozonschicht, Welttourismustag, 27. Juni Weltdufttag, 13. August Linkshändertag, 8. September Welttollwuttag, um nur einige wenige zu nennen.

Erich Kästner hat in den Fünfzigerjahren des vergangenen Jahrhunderts noch den 35. Mai erschaffen – ein Tag also, an dessen Ziffern man unweigerlich spürt: Die Tage innerhalb nur eines Jahres für Gedenktage werden knapp.

Und noch ein Manko: So ein Gedenktag ist eine Medaille mit zwei Seiten, also praktisch Tag und Nacht. Ein Tag wie der Weltaborttag, der gräbt sich natürlich einerseits unvergesslich in unser Gedächtnis ein. Andererseits hebt er sich praktisch durch den Internationalen Tag der zivilen Luftfahrt wieder auf, weil man wegen der

Erhaltung der Ozonschicht (Ozonschichterhaltungswelttag 16. September) bereits vor Antritt, auf keinen Fall aber während eines zivilen Fluges bieseln soll. Und null Butterbrot, auch nicht am Butterbrottag. Dann beißt sich zusätzlich noch der Ozonschichterhaltungstag ein bisschen mit dem Welttourismustag, während der Internationale Kriegsverhütungstag weltweit noch keine einzige Sekunde lang von Erfolg gekrönt war, zumindest nicht auf der Erde.

Warum wir das alles erwähnen? Es gibt einen Gedenktag, der stellt jetzt schon seit sieben Jahren alle anderen Tage voll in den Schatten, der ragt aus dem Labyrinth der jährlich circa 600 Mahn-, Gedenk-, Erinnerungs- und Vergesstage heraus wie die Säule der Rot- und Weißheit. Nicht der Tag des roten und weißen Presssacks, sondern – genau: Der Tag der Franken! Und zwar Ober-, Unter- und Mittelfranken.

An was gemahnt uns jetzt dieser Tag der Franken, und wann und wo findet er statt? Er gemahnt zunächst einmal daran, dass zahlreiche Landtagsabgeordnete am Weltkantinentag (18. Mai) des Jahres 2006 in der Kantine des Maximilianeums bei Leberkäs und Brezn geweilt haben und dadurch die Abstimmung durch die Vegetarier in CSU und SPD über die baldige Einführung eines Tages der Franken inklusive der anschließenden Nacht glatt über die Bühne gegangen ist.

Diskussionen über den tieferen Sinn, das genaue Datum und historische Hintergründe gibt es seitdem nur noch in Franken. Dazu muss man wissen: Dieses in Oberbayern für eine Abart des Bodennebels gehaltene Franken ist ein Land mit einem massiven Willen zur Einigkeit, jeder hat den Willen zu einer möglichst massiven Einigkeit.

Hier, wo Zigtausende Dialekte gesprochen werden, Hunderttausende verschiedene Bratwurstdarmbefüllungsrezepte existieren, Millionen von Trainern des sagenumwobenen 1. FC Nürnberg wöchentlich völlig verschiedene Mannschaften aufstellen – hier werden natürlich auch die Tage der Franken an allen möglichen Tagen gefeiert. Außer am 2. Juli auch noch am 3., 4., 5., 6., 7. bis teilweise sogar zum 8. Juli. So haben wir etwa in Ochsenfurt am 5. Juli einen Bieranstich, am 6. Juli in Feucht am Gauchsbach ein Bürgerfest mit Hüpfburg, am 7. Juli in Bechhofen, dem Sitz des weithin berühmten *Deutschen Pinsel- und Bürstenmuseums*, ebenfalls einen Bieranstich sowie die Verleihung des Goldenen Pinsels von Bechhofen. Bieranstiche aber auch in Wilhermsdorf, Gößweinstein, Hundshaupten, Thuisbrunn, Hohenschwärz etc. Wir erwähnen die Bieranstiche vor allem deshalb, weil einer der zahlreichen fränkischen Regierungspresssäcke für den Tag der Franken dringlich gefordert hat, wörtlich: »Der Tag der Franken soll eine Strahlkraft haben, die weit über unsere Grenzen hinausgeht.« Mit, sagen wir, sieben Maß Hetzelsdorfer auf der Abfließrampe könnte unsere Strahlkraft ohne Weiteres bis weit über unsere Grenzen hinausgehen.

Letztes Jahr hat auch ein gewisses Schwarzach (nicht zu verwechseln mit Braunau) nahe Mainleus eine zufriedenstellende Strahlkraft ausgeübt, indem dort die NPD ihren eher nationalen Frankentag gefeiert hat. Ursprünglich war er vielleicht sogar am Ochsenkopf geplant. Aber auch in Schwarzach hat man dann einige, allerdings nicht bewaldete, vollkommen kahle Ochsenköpfe bewundern können. Diese Ochsenköpfe fußen auf einer Haarmode von Franken-Gauleiter Julius Streicher (1885–1946), dem eigentlichen Erfinder des Frankentages.

Der unter anderem auch als Pornograph und Rassenforscher tätige Streicher hatte den »Heiligen Berg der Franken« schon um das Jahr 1925 herum als Kultstätte entdeckt und von 1933 an, immer Ende Juni, seine Braune Messe namens Frankentag jeweils vor über 100 000 sehr begeisterten Franken, später dann alle Widerstandskämpfer, gelesen. Damals sind zum Bier auch schon schöne Lieder gesungen worden, wie zum Beispiel »Sieh, auf des Hesselbergs Höh'n erstrahlet ein Feuerzeichen. Sie rufen in fränkische Lande hinein: Die Nacht muss dem Tag weichen. Auf Deutschland, du schönes, du heiliges Land, erwache zu neuem Leben. Dem Führer, den dir der Höchste gesandt, ihm folge durch Sterben und Leben.«

Die jetzigen Schöpfer des Frankentages haben aber schon einmal durch eine kunstvolle Wortumstellung eine ganz klare Demarkationslinie gezogen: Statt »Frankentag« »Tag der Franken«. Und statt auf die fränkischschwäbische Reichsglatze beruft man sich jetzt auf den Reichsgreis beziehungsweise -kreis, der am 2. Juli des Jahres 1500, vermutlich um 9.30 Uhr, am Reichstag von Augsburg ins Leben gerufen worden ist. Bis er 1806 das Zeitliche gesegnet hat.

Nicht nur, dass sich also in Zukunft jeder raussuchen kann, an welchem Tag und mit welcher Strahlkraft der Tag der Franken gefeiert wird – man kann auch den historischen Anlass frank und frei wählen: Streicher, Reichsgreis, Freie Bundesrepublik Franken, Freibier, Goldener Pinsel. Und wie wir uns Franken kennen, wird es in nicht allzu ferner Zukunft an die 365 Tage der Franken geben: Tag der Oberfranken, Tag der Hochfranken, Tag der Churfranken, Tag der Mittelfranken, Tag der Unterfranken, Tag der fränkischen Thüringer,

Tag der versprengten Franken in Württemberg, Tag der Untergrundfranken in München bis hin zum Tag der Schweizer Franken, und gefeiert wird auf möglichst vielstimmige Beschlüsse der fränkischen Freistaatskanzlei vom 35. Mai bis zum 400. Juli auf allen staatlichen Hüpfburgen. *(2013)*

Vorra und so weiter

Jetzt machen sie überall in Stadt und Land Lichterketten und Mahnwachen und Schweigemärsche. Und zwar, weil pegnitzaufwärts in Vorra, in der schönen Hersbrucker Schweiz, an drei Häusern plötzlich, wie aus dem Nichts, ein Nationalsozialismus im Gefolge von Ausländerhass und Rassismus aufgeflammt ist. Das ist natürlich unangenehm, wenn baulich einwandfreie Häuser in Brand gesetzt werden, aber obige Demonstrationen hätte man dennoch ohne Weiteres auch bleiben lassen können; denn schon zwei Tage später ist dieser da und dort doch etwas störende Nationalsozialismus massiv eingedämmt worden, indem ihn unser bayerischer Innenminister zunächst persönlich in Vorra aufgesucht, besichtigt und ihn sodann auf das Schärfste verurteilt hat.

Weiterhin verurteilt worden, und zwar ebenfalls auf das Schärfste, wenn nicht sogar Allerschärfste, ist er vom bayerischen Ministerpräsidenten, von der bayerischen Landtagspräsidentin und, mit einer deutlich nach außen getragenen Abscheu im Gesicht, sogar von der deutschen Bundeskanzlerin, welche allerdings öfter eine deutlich nach außen wirkende Abscheu im Gesicht trägt.

Ja, mehr an Schärfe geht doch überhaupt nicht, da kannst du den schärfsten hiesigen Bratwurstsenf, und sei er mit Meerrettich angereichert, vergessen! Warum dann nach dieser massiven Verurteilung des Nationalsozialismus in Vorra die Leute noch auf die Straße gegangen sind, ist mir ein Rätsel.

Nationalsozialismus, Rassismus, Antisemitismus, Ausländerhass sind infolge der Worte unserer Repräsentanten spätestens seit letztem Samstag eliminiert. Auch die Hakenkreuze auf einer der verkohlten Hauswände in

Vorra sind bereits übertüncht. Unsere Herzen sind wieder rein wie auch unsere Köpfe. Und in Letzteren wäre jetzt Raum, um mittels ihres Inhaltes darüber nachzudenken, wie auch viele andere Maßnahmen zur Beendigung der braunen Stuhl-Gangs und ihren Erscheinungen nicht nur in Vorra, sondern zuweilen auch in Wunsiedel, Gräfenberg, Ermreuth, Warmensteinach, am Dillberg, in Helmbrechts, Weißenburg, Fürth, im Nürnberger Stadtrat und so weiter entscheidend beigetragen haben. Da haben wir unter anderem jene seitens der hiesigen Justiz immer wieder gern benützten Samthandschuhe, mit denen ein Herr Wehrsport-Hoffmann auch im Zusammenhang mit dem Oktoberfest-Attentat in München angefasst worden ist. Da haben wir weiters jenen Lehrer im fernen, aber ebenfalls sehr schönen Limburg, der wegen fortgesetzter Unkenntlichmachung von Hakenkreuzen mittels einer Spraydose in Tateinheit mit chronisch aufrechtem Gang jetzt 1000 Euro Strafe zahlen muss. Ähnlich gelagert wie der Fall des nunmehr einigermaßen regierenden Ministerpräsidenten von Thüringen, welcher vor geraumer Zeit einen nationalsozialistischen Demonstrationszug durch laute Worte empfindlich gestört hat und gegen den das Amtsgericht im benachbarten Dresden jetzt die Eröffnung eines Strafverfahrens wegen »Sprengung einer Versammlung« in Erwägung zieht. Also gegen jenen Ministerpräsidenten, dessen vermutlich als Machtergreifung eingestufter Dienstantritt vom bayerischen Generalschwadroneur bzw. -sekretär Dr. Andreas Scheuer (der in Böhmen erwirkte Titel »Dr.« muss allerdings infolge einiger Ungereimtheiten entfallen) als »Tag der Schande« gegeißelt worden ist.

Welche ebenfalls sehr guten, sehr wirksamen Aktionen gegen Rassismus, Fremdenhass etc. dürfen wir noch nennen? Natürlich den geschmeidigen, sogar in Endreim gefassten Satz aus dem Willkommenswortschatz unseres Ministerpräsidenten: »Wer betrügt, der fliegt.« Und natürlich nicht zuletzt den inzwischen allerdings zum Missverständnis degradierten Spracherlass für Ein-, Zu- und Durchwanderer, der da gelautet hat, dass Syrer, Afrikaner, Afghanen, Iraner, Iraker, Andersgläubige und so weiter nach ihrer Ankunft in hiesigen Zeltunterkünften sowohl im öffentlichen Raum als auch daheim zwischen ihren zwei bis vier Vorhangwänden tunlichst Deutsch reden sollen, auch wenn sie es nicht können. Der Erlass mit etwaiger Aussicht auf die Rekrutierung einiger GeSpraPo-Einheiten (Geheime Sprachpolizei) soll von jenem schon erwähnten Dr. Andreas Scheuer ohne »Dr.« stammen. Es handelt sich aber wie gesagt inzwischen, wie man sich denken kann, um ein Missverständnis.

Im Zusammenhang mit all diesen Maßnahmen, die immer wieder von nichts anderem als von tiefsitzender Abscheu gegen Ausländerhass künden, ist mir dieser Tage die Abschrift eines Briefs zugegangen. Der Briefinhalt betrifft das in der Winterpause stattfindende Trainingslager des 1. FC Nürnberg, das dieser Tage geografisch dringend verlegt werden hat müssen, da die SpVgg Greuther Fürth ihr Trainingslager am selben Ort errichten hatte wollen. Fürther und Nürnberger, womöglich sogar Fans, Seite an Seite, fürchtete die Führung des 1. FCN, das verheiße nichts Gutes. Und jetzt schreibt also Herr Rudolf Bernd Kondler an den Aufsichtsratsvorsitzenden Dr. Thomas Grethlein unter anderem wie folgt: »In wenigen Tagen ist unser Club Gastgeber der SpVgg Greuther Fürth. Bitte empfangen wir Fürth als Gast und nicht als Feind. Die Mehrzahl der Cluberer hat kein Problem mit Fürth. Sportliche Rivalität JA, aber Hass,

Neid oder Rassismus NEIN. Zu unserem fränkischen Nachbarn wäre eine Verbesserung der Partnerschaft dringend notwendig. Ein gemeinsames Trainingslager in der Türkei wäre eine gute Möglichkeit gewesen, die Beziehungen zu Fürth zu normalisieren – allein schon, um es den bösartigen Club-Fanatikern zu zeigen […], die den 1. FCN seit Jahren als Plattform für Hass und Gewalt missbrauchen […].« Der Brief endet mit der Bitte, Herr Dr. Grethlein möge vor dem Spiel am Samstag im Stadion »freundliche Worte mit einem Willkommensgruß an Fürth und seine Anhänger richten«. Eine Antwort hat Herr Kondler auf seinen Brief nicht erhalten.   *(2016)*

Nicht für die Schule lernen wir, sondern für nix und wieder nix

Ist das das Ende unserer abendländischen Kultur? Wahrscheins schon. Und ausgerechnet in der Bildungshochburg Nürnberg sitzen die Rädelsführer, die das Verderben ausgelöst haben, die unsere Ideale mit Turnschuhen treten. Denn hier ist dieser Tage der offene Terror ausgebrochen, die schlimmste Erhebung lichtscheuer Elemente seit dem Bierpreisaufstand von 1866, ein Abgrund von Befehlsverweigerung in Tateinheit mit Majestätsbeleidigung, Rufmord, Insubordination, Zusammenrottung, Klassenzimmerflucht und sogar – hier sträuben sich fast unsere Finger auf der Tastatur vor Entsetzen: Hörbares Auslachen der schönen Worte eines Oberstudiendirektors!!!

Und zwar haben Schüler des Dürer-Gymnasiums während einer Versammlung gesagt, dass das achtklassige Gymnasium, wegen der Kürze der Zeit gern auch »G8« genannt, ein Krampf ist.

Der so furchtbar und grausam durch den Dreck gezogene Herr Dr. Oberstudiendirektor hat dennoch sehr besonnen gehandelt. Was man ihm hoch anrechnen muss. Mitnichten hat er die GSG 9 aufmarschieren lassen, keinerlei Fallschirmjägereinheiten, zu keiner Zeit ist seitens des Lehrerkollegiums von Schusswaffen Gebrauch gemacht worden. Der Oberkommandierende des Dürer-Gymnasiums hat lediglich die Polizei alarmiert, um diese subversiven Kräfte dingfest zu machen und sie ihrer gerechten Strafe zuzuführen.

Wer diese Schüler im Kopf so verwirrt hat, dass sie das G8, das achtklassige Gymnasium, nicht als das empfinden, was es in Wahrheit ist – nämlich die größte Wohltat zur Stillung des Bildungshungers in der bayerisch-fränkischen Menschheitsgeschichte, ist zur Stunde noch nicht gänzlich ermittelt. Erste Spuren weisen auf eine Infiltration seitens einiger Elternteile hin, die daheim in ihren konspirativen Wohnungen offenbar noch alle Tassen im Schrank haben. Und infolgedessen nicht, dass die Verkürzung der Schulzeit der Weisheit letzter Schluss ist, aus der Zündstoffsammlung der damaligen Bildungsministerin, einer gewissen Frau Hohlmeier.

Sie weilt momentan in einem Erholungsheim in Brüssel und bedauert es sehr, dass sie nicht mehr ihres einstigen Amtes walten und in ihm ausschalten kann, wen sie will. Denn dann würde das derzeit noch etwas bruchstückhafte achtklassige Gymnasium bald seiner glorreichen Vollendung entgegenstreben: Nächstes Jahr, nach dem Entsenden der ersten G8-Kurzabiturienten in die unermessliche Freiheit der Arbeitslosigkeit, dann die Einführung von G7, danach G6, G5, G4 und so weiter bis hin zum befreienden G0. Weniger als G0 geht nicht, weil Rechnen mit negativen Zahlen dann im Stoffplan wegfällt.

Wegfallen werden dann auch viele Gymnasien, viele Oberstudiendirektoren, wodurch dann zusätzlich noch viele Polizeiplanstellen eingespart werden können.

Dass wir dann eines Tages Kinder haben, die dümmer sind, als es die dezimierte Polizei erlaubt, ist natürlich, wie von Frau Money Hohlmeier seinerzeit eindeutig nachgewiesen, ein Schwachsinn. Denn jeder vierjährige Kinderkrippenabsolvent kann nach kurzer Einweisung ohne Weiteres bis drei zählen, hat das Kleine Latrinum und spricht perfekt die fremdeste Fremdsprache, die man sich überhaupt vorstellen kann, nämlich Oettinger-Englisch. Dann vielleicht noch ein Sylvester Rhetorik auf der Stoiber-Unität, und der dreitägigen Ausbildung zum Ministerpräsidenten steht nichts mehr im Weg. Sollte wider Erwarten doch was dazwischenkommen, landet man kurze Zeit später im Gefolge von seinem Hofstaat in einigen Aufsichtsräten und in Brüssel.

Während die nach einer sogenannten Bildung lechzenden Deppen demnächst erst mit 67, höchstwahrscheinlich aber mit 76 in Rente gehen, ist der G0-Gymnasiast bereits im Alter von sechs Jahren an seinem Lebensziel, der Voll-Pfründe mit einem garantiert arbeitslosen Arbeitsplatz, angelangt.

Nach diesem kurzen Exkurs, basierend auf dem real existierenden Nepotismus, ist es umso unverständlicher, dass die Schüler des Nürnberger Dürer-Gymnasiums die Segnungen des vorläufig achtklassigen Gymnasiums für einen Krampf halten. Sie sollen sich auf den Hosenboden setzen, keine Insubordination anzetteln und das Maul halten. Denn nicht umsonst heißt ein Merksatz für unser Fortkommen nach Brüssel: »Non scholae, sed vitae discimus.« Auf Deutsch: Wer nicht auf den Oberstudiendirektor hört, muss fühlen. *(2010)*

Ein evangelischer Kulturgreis

Falls sich wer erinnert – ich hatte mal einige nichtswürdige Zeilen über die Barmherzigkeit eines leider nicht mehr unter uns weilenden Mathematiklehrers verfasst, dabei die Barmherzigkeit christlicher Herkunft aber in unverantwortlicher Weise außer Acht gelassen. Und schon ist sie mir nur wenige Tage später nachhaltig unter die Nase respektive Augen gerieben worden. Und zwar in Gestalt des *Evangelischen Sonntagsblattes* aus Bayern, welches gute, sehr gute, aber auch Prekariats-Christen und notorische Skeptiker im Abonnement beziehen. Es führt im Untertitel den teilweise ganz schönen Satz »Ehre sei Gott in der Höhe, Friede auf Erden und den Menschen ein Wohlgefallen«. Wobei mit dem Genuss eines Friedens auf Erden und eines Wohlgefallens womöglich der Friede und das Wohlgefallen für alle Menschen gemeint sein könnten. Auch für Nicht- oder Noch-nicht-Nürnberger, Nicht-Franken, Nicht-Bayern, Nicht-Deutsche, Nicht-Europäer und so weiter.

Die Leserzuschrift eines hier ansässigen Herrn, dessen Name vom Mantel der christlichen Nächstenliebe bedeckt bleiben möge, hat mich jedoch eines anderen belehrt. Die Zuschrift lautet: »Hiermit kündige ich sofort das Abo für das *Evangelische Sonntagsblatt* aus Bayern. Ich möchte kein Flüchtlingsblatt lesen, für Menschen aus einem fremden Kulturkreis, der mit einem evangelischen Christen überhaupt nichts zu tun hat.«

Ja, und jetzt? Jetzt hat der frühere Kammersteiner Pfarrer und derzeitige Chefredakteur jenes Sonntagsblattes, Martin Bek-Baier, sich mitnichten endlich seines fränkisch oder wenigstens deutsch limitierten Christentums besonnen, sondern fröhlich weiter in der bereits schwärenden Wunde nationalen Christentums umeinandergerührt: Dass man den momentan 5000 in Nürnberg völlig kulturkreisfremden und schlimm schmarotzenden Syrern, Afghanen, Kosovaren, Irakern, Ukrainern, Afrikanern nicht nur ein Verständnis für ihre Not entgegenbringen soll, sondern auch eine möglichst tätige Hilfe. Zum Beispiel in Form von einem gespendeten Geld, von einem einigermaßen kostenlosen Zeltdach überm Kopf, einer Herberge, einer medizinischen Erstversorgung oder gar einer warmen Mahlzeit. Letztere zu allem Überfluss auch noch täglich! Also Luxusgüter erheblichsten Ausmaßes.

Ja, hat denn der Pfarrer Bek-Baier noch alle Gebote im Katechismus?! Anstatt in seinem *Evangelischen Sonntagsblatt* aufzufordern, dass wir tief im Inneren eines örtlich sehr begrenzten Christentums befindlichen Gläubigen auch, nach außerordentlich gut funktionierendem ungarischen Vorbild, fünf Meter hohe Zäune um unseren schönen Kulturkreis und einen Stacheldraht rund um unsere Herzen errichten, will er uns eine Hilfsbereitschaft, ja sogar eine sogenannte Nächstenliebe einfiltrieren, dass alles zu spät ist! Eine Nächstenliebe für dahergelaufene Leute, die nicht einmal an den Gott hiesiger Prägung glauben, sondern an einen Allah oder an andere fragwürdige Luftgestalten. Teilweise glauben die inzwischen sogar an überhaupt nichts mehr.

Und weiter muss man sich im Sinn jenes *Sonntagsblatt*-Abo-Kündigers fragen, ob jene fast 100000 Nürnberger, die sich (noch dazu ehrenamtlich!) für Flüchtlinge engagieren, nicht von ruchlosen Aufrührern wie Herrn Bek-Baier in die Irre geleitet worden sind. Und die ganzen Vereinigungen in der Stadt wie *Caritas, AWO, Nürnberger Tafel, Helferpforte, Zentrum Aktiver Bürger,*

Jugendamt, Mehrgenerationenhaus, BRK, Rummelsberger Dienste sind auch schon von dieser Humanitätstümelei infiziert. Womöglich chronisch und unheilbar. Und spinnt unser bayerischer Landesbischof Heinrich Bedford-Strohm vielleicht a bissla, wenn er sich öffentlich über eine große Hilfsbereitschaft freut und auf ein »Europa der Humanität« hofft? Oder hat der Jesus noch alle Kerzen am Altar, wenn er sagt »Lasset die Kindlein zu mir kommen«?

Christliche Nächstenliebe geht schließlich so, wie es unsere große christliche Partei im reinen bayerischen Bayern schon einmal ausdrücklich und warnend erwähnt hat: »Wir sind nicht das Sozialamt für die ganze Welt« oder »Wer betrügt, fliegt«. Und betreffs des dem Sonntagsblatt-Kritiker fremden Kulturkreises wäre noch aufzuführen, dass wir schon wissen, was das ist: ein Kulturkreis. Schließlich gehören wir ihm schon immer an, seit Zigmillionen Jahren oder noch mehr, und sind niemals geflüchtet. Und für diesen ziemlich engen Kulturkreis soll auch in den nächsten Zigmillionen Jahren das schöne ultimative Glaubensbekenntnis seine Gültigkeit besitzen, welches da heißt: »Ich bin klein, mein Herz ist rein, soll niemand drin wohnen als ich allein.« Amen.

(2015)

Söderla, willsd a Fodzn?

Die Sprache ist eine schwierige Sache, vor allem die Fremdsprache. Fremdsprachen haben sich aus der Muttersprache in Zusammenarbeit mit einer Völkerwanderung gebildet, und zwar mittels der sogenannten Lautverschiebungen, also rätselhafte Verwandlungen von einem harten »T« zu einem weichen »D« oder auch von einem »O« zu einem »U«. Rätselhaft insofern, als zum Beispiel niemals ein noch so emsig forschender Sprachwissenschaftler ergründen wird, wie aus dem Begriff »Nasenbohren« das geschmeidige Verb »Bubbln« entstanden ist und aus ihm wiederum die differenzierenden Substantive »Ziech-«, »Schnalz-« oder »Droggnbubbl«. Lautverschiebungen sind also ein Mysterium der obersten Geheimhaltungsstufe; wie, wann und warum sie passieren, geht uns voll an den Ohren vorbei.

Aber nicht verzagen! Denn derzeit entwickelt sich, wenn auch von vielen unbemerkt, eine Lautverschiebung im mittelfränkisch-unterbayerischen Sprachraum, die den Hobby-Linguisten aufhorchen lässt. Und zwar rankt sich um den Altnürnberger Erleichterungsseufzer »Soderla« momentan eine fast schon epochal zu nennende Lautverschiebung.

Hundert- bis hundertzwanzigjährige Nürnberger, aber auch Fürther, Schwabacher, Burgfarrnbacher etc. werden sich erinnern, dass sie sich nach getaner Arbeit die Hände gewischt und in tiefer Selbstanerkennung aufgeatmet haben: »Soderla, edzerdla hommers widder!« Was wir edzerdla widder hommern, sei einmal dahingestellt.

Und jetzt zur Lautverschiebung. Indem nämlich ein inzwischen sehr namhafter hiesiger Südstadtbewohner, ein Herr Dr. Markus Söder, in den Jahren seiner

Kindheit – so vermuten jedenfalls maßgebliche Sprach-
forscher – im hierorts gebräuchlichen Diminutiv ange-
sprochen worden ist, etwa mit der eher rhetorischen
Frage »No, Söderla, willsd a Fodzn?«, beginnt sich immer
deutlicher eine Lautverschiebung von »o« zum Umlaut
»ö«, von »Soderla« zu »Söderla« abzuzeichnen. Unter-
stützt natürlich von den zahlreichen Tätigkeiten vom
Söderla, nach deren Erledigungen er immer aufschnauft:
»Söderla, edzerdla hommers widder.«

Volksschule, Oberschule, Abitur, Junge Union, Studium, Reporter, Doktorarbeit über die Junge Union,
Generalsekretär, Parteivorsitzender, Europaminister,
Xundheitsminister, Finanzminister, Heimatminister,
Breitbandminister. Zu nennen wären natürlich noch,
allein in Nürnberg, die zweimal jährliche Besteigbar-
keitsmachung des Schweinauer Fernsehturms, die Orna-
mentierung der Kaiserburg, die Re-Verflüssigung des
Wöhrder Sees mit einhergehender Wellnessierung, die
Unterstützung des darbenden Friseurhandwerks durch
das Projekt Dauerwelle in der Bengerz, Spatensticheleien
ohne Ende. Und das alles finanziert aus seinem eigenen
sowie unserem Geldbeutel. Alle fünf Minuten eine neue,
selbsterregende Baustelle, und jedes Mal murmelt er sich
selber zu: »So Söderla, edzerdla hommers widder!« Nie
lässt er seine öffentlichen Hände ruhen.

Erst jetzt wieder, nach eingehender Konsultation des
Budaverpester Rassenforschers Orbán, ein erneuter
Schnellschuss in den wärmenden Ofen – der dringliche
Vorschlag, den bayerischen Garten Eden endlich mit
einem Gartenzaun ungarischer Machart abzuschirmen.
Das unterm Söderla als Ministerpräsident dienende See-
hoferla hat den bayerischen Jägerzaun zwar noch nicht
ganz als Ei des Kolumbus beziehungsweise des Zaun-

königs Söder bewertet, aber da wird er sich schon noch eines Besseren belehren lassen von seinem Oberlehrer. Dann nämlich, wenn die Planung vollständig ausgereift ist und Bayern von Aschaffenburg bis Berchtesgaden, vom Erdmittelpunkt bis nauf zum Ende des Himmels von einer Art Käseglocke voll abisoliert ist und niemand aus einem Syrien, aus einem Äthiopien oder gar aus einem Kosovo unsere Greise stören kann. Und unser Bäiderla aff alle Subbm, unser Bimbalawichdich, unser Söderla in großer Selbstbefriedigung sich wiederum der 3. Altfränkischen Lautverschiebung bedient: »Söderla, edzerdla hommern widder!« Unsern Dreeg im Schächdala.

Und sollten sich zwischen den ungezählten Tätigkeiten unseres Heimatministers irgendwann einmal einige Sekunden Verschnaufpause ergeben – womöglich könnte er sie zum Nachdenken nutzen, und zwar über zwei Themenbereiche. Erstens, ob die Würde des Menschen wirklich nur ein Bubbl ist, den man sich je nach Bedarf zurecht ziechd. Und zweitens, wie man das wissenschaftlich nennt, wenn man kurz vor einem 25-jährigen Jubiläum des Berliner Mauerfalls von einem bayerischen Schutzzaun zur Abwehr von Flüchtlingen schwafelt? Sensibilität nennt man es wahrscheinlich nicht, oder?

Söderla, edzerdla geht's mer widder besser.   *(2015)*

Was is'n jetzt schon wieder los? Das ganze Land befindet sich in Aufruhr, Erschütterung, Agonie und Endzeitstimmung, und Nürnberg ist mittendrin im ganzen Schlamassel. Wegen nix und wieder nix – wie der Hoffmanns Heinzi ganz richtig anmerken würde, wenn man ihn fragen dürfte, ohne dass man von ihm eine aufs Maul kriegt. Der ganze Neonazi-Krampf also, mit angeblich insgesamt zehn Tötungen, drei davon in Nürnberg, wie es der sogenannte Verfassungsschutz zügig und zielstrebig ermittelt hat. Eine ziemlich geheime Quelle im womöglich gar nicht existierenden Bundesamt für Entlassungsschutz hat dieser Tage uns gegenüber ein bisschen gesprudelt, und es ergibt sich daraus, dass alles miteinander extrem fragwürdig ist.

Warum heißen denn die drei Tötungen bei uns in Nürnberg »Döner-Morde«, warum hat sich die örtliche Findungskommission die entrückte Bezeichnung »SoKo Bosporus« gegeben? Es liegt klar und übersichtlich auf der Hand: Der Bosporus ist weit weg, kann uns infolgedessen voll worschd sein, und bei einem Döner-Mord verhält es sich noch viel harmloser – weil, wie jeder weiß, handelt es sich bei einem Döner um eine Art Worschdweggla, gefüllt mit Hammel- oder Lammfleisch. Die Hammel oder Lämmer sind in der Regel vor ihrer Eingabe in das Weggla nachweislich schon tot. Wie kann es also einen Döner-Mord geben, wenn der Döner vor seiner Ermordung bereits nicht mehr lebt? Das hat sich der Verfassungsschutz damals vermutlich auch gedacht. Wobei Denken überhaupt nicht zu seinem Aufgabengebiet gehört.

Ähnlich dürftig, um nicht zu sagen nichtig, ist die Beweislage mit den bei uns sich angeblich aufhaltenden drei bis vier Neonazis. Das geht doch schon mit dem oben erwähnten Hoffmanns Heinzi los, welcher vor den Toren Nürnbergs im schönen Ermreuth vielleicht Bio-Bodaggn züchtet oder sonst einer gottesfürchtigen Tätigkeit nachgeht.

Wir haben den Heinzi vor vielen Jahrzehnten persönlich kennenlernen dürfen, wie er uns in seiner in wunderbare Uniformen gehüllten Heilsgestalt immer im *Café Admiral* erschienen ist und aus seinem führerbunkerartigen Mund interessante Reden gequollen sind. Damals schon ist er aufgrund dieser teils zukunfts-, größtenteils aber vergangenheitsweisenden Reden von einigen ihn nicht liebenden Ignoranten in übelster Weise verleumdet worden. Sie haben seinerzeit im *Admiral* behauptet, er, der Heinzi, habe einen leichten Badscher. Natürlich eine infame Lüge, denn es hat sich unserer Erinnerung nach eindeutig um einen schweren, wenn nicht sogar Vollbadscher gehandelt. Zusammen mit ihm soll der Veranstalter von sehr schönen Uniform-Partys dann die legendäre Wehrsportgruppe Heinzi beziehungsweise Hoffmann gegründet haben. Auch dies natürlich eine böswillige Unterstellung.

Jeder, der dieses Naturtalent von einem Straßenbahnführer näher gekannt und außerordentlich geschätzt hat, hat gewusst, was die Wehrsportgruppe Heinzi wirklich gewesen ist. Und wenn man nur ein bisschen nachdenkt, kann man eigentlich auch von selber draufkommen: Ermreuth, sein späteres Hauptquartier, liegt ganz in der Nähe von Igensdorf, einem der größten Kirschenanbaugebiete des früheren Deutschen Reiches – also hat es sich bei der angeblichen Wehrsportgruppe vielmehr um die Wehrspotzgruppe Hoffmann gehandelt, welche jedes Jahr am 20. April die oberfränkischen

Kirschkernspotzmeisterschaften veranstaltet hat. Auch das können namhafte V-Leute des Verfassungsschutzes gegen ein kleines Entgelt zur Unterstützung der notleidenden NPD ohne Weiteres bestätigen. Zudem wissen wir heute, dass damals eine verhältnismäßig christliche, an Spotzmeisterschaften brennend interessierte bayerische Partei gelegentlich ihre schützenden Hände über dem Heinzi seiner Wehrspotzgruppe ausgebreitet hat. Bei einer Wehrsportgruppe hätte sie sich diese Hände niemals schmutzig gemacht.

Und das Allerschärfste überhaupt: Jetzt wirft man unserem Verfassungsschutz auch noch vor, dass er ziemlich lang gebraucht habe, bis er den einzigen drei mutmaßlichen Neonazis in ganz Deutschland auf die Schliche gekommen ist! Dabei haben sie es in nur 13 Jahren durchgezogen, dass es nur so gepfiffen hat. 13 Jahre – das muss man sich einmal bildlich vorstellen. Wo es von 1933 an schon allein zwölf Jahre gedauert hat, bis es einigen geschwant hat, es könnte eventuell in die Hose gehen. Bei vielen dauert das Schwanen bis heute an, da sind 13 Jahre Ermittlungsarbeit wirklich nur ein Klacks.

Und dass der Verfassungsschutz auf dem rechten Auge blind ist – schon wieder eine Verleumdung, denn er ist auf allen Augen blind, auf allen Ohren taub. Intakt ist allenfalls sein Gesäß. Erstens, um behaglich drauf zu sitzen, und zweitens, um uns mit ihm zu verarschen. Brauchen'S nur den ehemaligen Verfassungsschutz-Präsidenten Ludwig-Holger Pfahls fragen. Allerdings könnte es mit der Antwort ein bisschen dauern – der Pfahls muss wegen einiger Betrügereien viereinhalb Jahre einsitzen.   *(2011)*

Allmächd naa!

Heutzutage müssen wir häufig nicht so genau Bescheid wissenden Durchschnittsdeppen aufpassen wie die Heftlasmacher. Weil man praktisch auf Schritt und Tritt gegen was verstoßen kann und sich sodann in einem sogenannten Dilemma befindet, also Vollzwickmühle. Oder sogar mit einem bis zwei Füßen im Gefängnis. Obacht ist unter anderem geboten bei: Helmpflicht, Rauchverbot, Hundescheiße, Demonstration gegen Nationalsozialisten, Anleinpflicht, Shitstorm, Internetwurmbefall, Fäißbuck-Party, Fleischverzehr, Maulkorb etc.

Weil da jetzt zufällig gerade »Maulkorb« steht – dieser Tage hat uns der Bamberger Erzbischof, irrtümlich auch oft »Erdbeerschorsch« genannt, eine zusätzliche Verbotszone eröffnet, nämlich die bisher weitgehend unbekannte Gotteslästerung. Hinfort dürfen, sagt der Ludwig Schick gewissermaßen ex cathedra (im Nebelgemenge von Weihrauch und Rauchbier), religiöse Werte und Gefühle nicht mehr herabgewürdigt werden, sonst scheppert's geldstraf- oder gefängnismäßig gewaltig im Karton.

Das Herabwürdigungsverbot gilt aber auch für »heilige Personen, heilige Schriften, Gottesdienste und Gebete sowie heilige Gegenstände und Geräte aller Religionen«.

Jetzt muss man aber schon gschwind einflechten dürfen, dass sich da der heilige Ludwig ein bissla unpräzis ausgebreitet hat über uns teils Gläubige, teils Ungläubige. Was, zum Beispiel, sind heilige und damit unverspottbare Gegenstände? Bei uns und vermutlich auch beim Rest der Welt gilt als ziemlicher heiligster Gegenstand das Geld – oder Moos oder Kies, Pulver, Kohle, Mammon, Fett, Penunzen, Kröten, Marie, Knete, Diridari, Gerschdla. Also Gegenstände, welche auch der Heilige

Stuhl in Hülle und Fülle hortet. Landet man also in der Mannertstraße, wenn man dem Heiligen Vater zu Rom empfiehlt, er möge sein Geld nicht für byzantinisch anmutende Heimsuchungen in zwei- bis dreistelliger Millionenhöhe aus dem Seitenfenster vom Papamobil nausschmeißen? Da harren wir der Aufklärung seitens unseres heiligen Erzbischofs ebenso wie der Erläuterung der Gottesfrage. Verfügen etwa die schon etwas älteren griechischen oder römischen Götter von Zeus über Hera bis zum Dionysos, vom Rehhagel Otto II. bis hin zu Jupiter und Bacchus noch über einen, wenn auch minimalen Heiligkeitsgrad? Oder rasiert einen in Zukunft schon die Justitia, wenn man im Gasthaus der ja häufig ebenfalls heiligen Bedienung zuruft: »Anni, den Scheißbacchus konnsd selber saufn! Der korkelt ja gottserbärmlich!« Nicht selten fragt ja auch die heilige Anni höchst überflüssig, ob der Bacchus gemundet habe, und man antwortet wahrheitsgemäß, im Einklang mit dem 9. Gebot: »Zum Nausbrunsn gäider scho.«

Auch das womöglich eine im Sinne Ludwig Schicks vorsätzliche Blas- bzw. Blasenphemie. Überhaupt ist Gott und dessen Lästerung ein verhältnismäßig weites Feld – wenn man zum Beispiel bedenkt, wie sich ein Nürnberger Landesbischof, ein gewisser Hans Meiser, im Jahr 1939 bei ihm, Gott, von ganzem Herzen bedankt hat, dass unsere von ihm geweihten Waffen gegen Polen gewonnen haben. Da wird womöglich der polnische Gott nicht gänzlich der gleichen Meinung gewesen sein. Und der weitere Dank des erwähnten Landesbischofs an seinen Gott für die wunderbare Vorsehung und den noch wunderbareren Führer Adolf Hitler? Ein Ausrutscher, ein Schoppen Bacchus zu viel oder doch eine Mixtur aus sakraler Hirnflucht und Blasphemie?

Dann: andere Kulturen, welche man laut der Bamberger Dringlichkeitsforderung göttlicherseits ebenfalls nicht verscheißern soll, schon gleich gar nicht die göttlichen Befehle zum Foltern, Steinigen, Bomben oder Frauen lebendig beerdigen. Erfüllt es in dem Fall den Tatbestand der Mohammed-Verspottung, wenn man sich erkühnt zu fragen: Hat da eine mysteriöse außerirdische Macht einigen Koran-Exegeten untern Turban gepfeffert?

Und, um wieder in unsere Heimat zurückzukehren, wie verhält es sich mit den fast schon unendlich vielen, vermutlich heiligen Personen, Sachen und Vorgängen wie Kreuzzügen, Inquisition, Scheiterhaufen, Hexenverbrennungen, die gründlichsten in und um Bamberg, Sklaverei, die Einteilung der Erdbevölkerung in (sehr wenige) Herren- und (sehr viele) Untermenschen, päpstlichem Geldraffen, päpstlicher Gier, päpstlicher Großmannssucht, Dreißigjährigem Krieg, buchstäblich verheerenden Kanzelabkündigungen, Kindsraub, Vergewaltigungen von Kindern – alles im Namen Gottes?

Wer so einfältig fragt, ist mir neulich höheren Orts beschieden worden, der hat keinen Schimmer von der heiligen Drei- bis Vielfaltigkeit. Denn aufatmend und abschließend muss man doch bei aller Sorge um die Blasphemie anerkennen: Schön, dass unser Schick zurzeit keine anderen Probleme hat. Gottseidank.   *(2012)*

Nürnberg
und Umgebung

Weil … es ist nur eine Vermutung, ein unbestimmter, womöglich in keiner Weise haltbarer Argwohn. Dass es irgendwo in einer Paragraphenzuchtanstalt in Brüssel einen Kinderspielplatzgerätenormwart gibt. Vielleicht derselbe, der jahrzehntelang den europäischen Einheitskrümmungsradius für Gurken mittels einer Gleichung mit extrem vielen Unbekannten zunächst errechnet, sodann in den jeweiligen Gurkenanbaustaaten den Gurken während des Wachsens die vorgeschriebene Krümmung mitgeteilt und sie alle paar Millimeter hinsichtlich ihrer korrekten Einbuchtung überprüft hat. Aus seinem vorschriftsmäßig gekrümmten Gurkenhirn scheinen also auch die freudvollen Maße für Kinderspielplatzgeräte zu stammen: In einem rechteckigen Spielplatz befinden sich stets:

– ein rechteckiger Kletterwürfel aus Eisenstangen
– eine rechteckige Schaukel
– mehrere rechteckige Bänke für das Wachpersonal
– ein rechteckiger, von volljährigen Hunden vollgeschissener Sandkasten

Kinder leiden häufig unter einer rätselhaften Allergie gegen rechteckige Kletterwürfel, rechteckige Schaukeln, rechteckige Bänke, rechteckige, verschissene Sandkästen, sodass man sie, die Kinder, auf Kinderspielplätzen eher selten antrifft. Womöglich aus einer ihnen angeborenen Angst, dass einem dort im Lauf der Zeit die Seele auch rechteckig zurechtgebogen wird. Stapelbar.

Jetzt aber: Wo spielen Kinder heutzutage? Man weiß es nicht genau. On the Playstation vielleicht, Nintendo, Händy und so weiter. Wir alten Vorstadtstocherer wissen nur, wo wir seinerzeit unser damals noch sehr dürftig oder gar überhaupt nicht normiertes Unwesen getrieben haben:

Bengerz, Schmausenbuck, dem Holweg sein Kartoffelacker, welcher selbstredend natürlich nicht dem Bauern Holweg oder auch Prottengeier gehört hat, sondern uns. Und er hat auch nicht »Kartoffelacker« geheißen, sondern Prärie. Und die Bengerz war der Mississippi. Und der Boboti hinten in dem kleinen Behelfsholzhäuschen hat uns, den Eingeborenen, weismachen wollen, er sei der Winnetou. Dem hat man dann seinen Winnetou schon gegeben, arschtrittartig. Die Bobotis waren nämlich Flüchtlinge. Genau: Flüchtlinge hat man damals diese Herrschaften mit einem deutlichen Abfall in der Stimme genannt. Zu einem Flüchtling werden wir aufschauen und ihn »edler Häuptling« nennen! Da hat der Boboti aber lang drauf warten können. Ungefähr so lang, wie ein Missisippi verdunstet.

Die Jobster jenseits des Mississippi waren infolge der Jenseitigkeit auch nicht von unserem Stamm. Allein schon für ihre Jenseitigkeit haben sie von uns Drümmer Fodzn erhalten, sobald wir sie auf unserer Diesseitigkeit erwischt haben. In gleicher Weise haben wir drüben in Jobst Schelln gefasst. Dass wir von Geburt an Diesseitige drüben in Jobst Jenseitige sein könnten – davon hat uns damals niemand was erzählt.

Außer Flüchtlingen und Jobstern haben sich auf unserem Hoheitsgebiet noch kleine Amis aufgehalten und Neger. Mit ihnen haben wir nur fraternisiert beziehungsweise geschleimt, wenn wir aus ihren Küchen die Nationalspeisung erhalten haben. Coca Cola, Dschuing Gam und ein Weißbrot, dick mit Negernussbutter bestrichen. Genau: »Negernussbutter« hat das damals geheißen.

Nicht zu vergessen dann noch der Kleinbauer Städler, welcher zwei verschiedene Beine gehabt hat, ein normales und eines aus Holz. Dem Kleinbauern Städler haben wir mit großer Freude immer ein Blech unter seinen Plumpsabort geschoben, dass es beim Plumpsen unwahrscheinlich, fast gewittermäßig gedonnert hat und er uns mit der Hose in der Kniekehle nachgerannt ist. Aber er hat uns nie erwischt: 1. Hose in der Kniekehle, 2. Holzbein.

Zusammenfassend noch einmal: Flüchtlinge, Jobster, Amis, Neger, holzbeinerte Kleinbauern sind für uns, je nachdem, frei verfügbare oder zu meidende Fremdkörperschaften gewesen. Unsere Welt ist zwar damals bis weiter hinter den Präriehorizont gegangen, aber in Jobst war die Grenze.

Jetzt wieder zurück ins Präsens, auf den rechteckigen Kinderspielplatz. Neulich spielen da Kinder, außerhalb des Rechtecks, auf der Straße. Streethockey oder so ähnlich, mit kleinen Eishockeystecken und Inline-Dinger an den Füßen. Der eine Knirps ist der Sprache nach von hier, der andere vielleicht vom Bosporus, eine Knirpsin aus China, wieder ein anderer mit Negernussbutterfarbe im Gesicht. Und da traust du deinen Augen und Ohren nicht: Das handkolorierte Randstein-Team hat mit den landsmannschaftlichen Unterschieden in etwa das Gleiche gemacht wie eingangs erwähnt die Hunde mit den rechteckigen Sandkästen – drauf g'schissn, grenzenlos. Und da denkt man sich dann als alteingerosteter Vorstadtstocherer, dass es möglicherweise gar nicht so schlecht ist, wenn die Erinnerungen an früher mit der Zeit immer kleinlauter werden. Manche Erinnerungen jedenfalls, habe ich mir gedacht. Auch wenn das Denken, zumal das grenzenlose, alten Deppen manchmal schwerfällt.

Früh lässt sich nur der krümmen, der später einmal eine vorschriftsmäßige Gurke werden will.   *(2011)*

Wo liegt Paderborn?

Lieblingshort von Kaiser, Königen und Lamas, Weihnachts-welthauptstadt, Metropole von Spielzeug, Bratworschd und Lachsack, Sitz eines internationalen Airports, des Deutschen Reiches Schmatzkästlein, Weihestätte und Ent-stehungsort filigraner Fußballkunst, erstmals urkundlich erwähnt kurz nach dem Urknall – das alles und noch viel mehr, das gleißende und glitzernde und glühweinende Großod am universalen Städtehimmel, das war einmal Nürnberg. Betonung auf *war*, Imperfekt, allererste Ver-gangenheit. Denn seit einer Woche hat sich über dem ehe-maligen Byzanz des Nordens, dem fränkischen Fenedich, lähmendes Entsetzen herniedergesenkt, aus dem es kein Entrinnen mehr gibt.

Die Goldene Stadt am Mittelpunkt der Welt, am majes-tätischen Strom der Bengerz liegt in Agonie, Schüttelfrost und Delirium. Ausgewachsene, teilweise sogar mün-dige Männer werden tagsüber von Weinkrämpfen, von schweren Seelenbeben heimgesucht. Sie schleifen ihre prall gefüllten Tränensäcke mit letzter Kraft hinter sich her, die Herzen auf Halbmast, die Leber schwer szirrhös, die Promille auf der nach oben offenen Trichterskala gar nicht mehr messbar. Frauen verfallen in Debilität, im ersten Schock ausgesetzte Kinder irren durch die Straßen und Gassen, die noch vor einem Jahr Tag und Nacht von dem Glaubensbekenntnis ihrer Einwohner erfüllt war: »Berlin, Berlin, wir fahren nach Berlin!!!«

Und jetzt schleppen sich einst mitten im Leben ste-hende Menschen, die innerhalb von zwölf Monaten zum Wrack, zum ausgemergelten Greis geworden sind, in eines der letzten Wirtshäuser in unseren Slums und brabbeln dort in panischer Angst, in zerfressender

Endzeitfurcht: »Paderborn – wos issn des??!« Schon kreisen die Arschgeier über dem Südosten der Stadt, werden wie alle Jahre wieder die verzweifelten Rufe nach sogenannten fränkischen Talenten laut, also nach Geistern, Gnomen, Sagengestalten, die hierorts noch nie jemand erblickt hat, an die sich aber seit Menschengedenken alle Hoffnung knüpft.

Wildfremde Passanten fallen sich in die Arme, blicken sich tief in die zugeschwollenen Augen und schluchzen sodann: »Ja, wos soong nern edzer Sie??« Worauf der auf das Inferno, auf die Katastrophe Nummer 1, auf den Super-GAU angesprochene Leidensgenosse nach zwei bis drei Nervenzusammenbrüchen röchelt: »Ich hobs doch scho im Herbst gsacht!« Aber es hat niemand auf ihn gehört.

Des Nachts plagen uns Alpträume, aus denen wir, wenn überhaupt, derart schweißgebadet erwachen, dass wir Schwimmflüücherla bräuchten, um uns vor dem Ertrinken zu retten. Die Stadt ist in Schwarz gehüllt, Krämpfe, Magengeschwüre, vorübergehende Herzstillstände sind an der Tagesordnung. Zehntausende klagen ihr Leid, indem sie stöhnen »Suu an Hals hobbi!« und dabei mit zwei Händen andeuten, dass sie momentan zwischen Kopf und Rumpf spirituell ausschauen wie ein Hackstock oder ein früherer bayerischer Ministerpräsident.

Viele Hunderttausende, wenn nicht Millionen ziehen derzeit auf die Gipfel des Moritzbergs, des Hasen- oder Schmausenbucks, um dort das Ende der Welt abzuwarten, nicht wenige ertragen das vermutlich nicht mehr lange Restleben nur noch im meditativen Gruppenkomasaufen, viele wollen auswandern. Meist nach Fürth. Oder aber ins ferne, englischsprachige Ausland. Von einem gewissen Herrn Meyer ist in diesem Zusammenhang bekannt geworden, dass er Englisch lernt und in der Volkshochschule jeden Tag hundertmal den Satz an die Tafel schreiben muss »Never change a winning team«.

Massenhaft bilden sich in den Vorstädten Volksgerichtshöfe und klären die Schuldfrage. Schon munkelt man von standrechtlichen Erschießungen, wobei Schießen nicht gerade die Stärke der Nürnberger ist.

Was also, so fragt sich der Außenstehende, ist eigentlich passiert, dass eine so wunderbare Stadt wie Nürnberg plötzlich von ihren eigenen Abrissbirnen so furchtbar heimgesucht wird? Das schlimme Wort nimmt hier keiner in den Mund, aber es lodert wie ein Fanal am Zerzabelshofer Abendhimmel: Abstieg.

Ein sogenannter 1. Fußballclub Nürnberg ist neulich in die Zweite Bundesliga abgestiegen. Also eigentlich nichts Außergewöhnliches, ein Ereignis, das in Deutschland jedes Jahr rund 10 000 Mal und hier in Nürnberg ungefähr alle sechs Jahre stattfindet. Früher hat man an solchen Tagen sein Club-Fähnla angezündet, damit man sich zwei Monate später wieder ein neues kaufen kann. Heute: Selbstgeißelung, Marter, Pein, Verderben, Exodus. Verbunden mit der bangen Frage: Gibt es um Gottes willen nicht irgendwo eine Liga, aus der man nicht absteigen kann? Und jetzt die gute Nachricht: So eine Liga gibt es, den Plärrer-Freizeitkicker-Pokal. Da steigt garantiert keiner ab. Höchstens der Club. *(2008)*

Das Eisenbahnergärtla

Zwischendurch einmal was ganz anderes: Weiß jemand, wie eine sogenannte Kolumne entsteht? Also wie man aus einem Blatt Papier ein schriftliches Wesen gestaltet. Wahrscheinlich weiß es fast niemand, infolgedessen werde ich es hiermit erklären; und zwar ungeachtet der unschönen Erfahrung, dass es einem anlässlich von Gedankengängen über leere Papierseiten und deren Anfüllung mit Buchstaben diese Gedankengänge langsam, aber stetig wegpfeift. Dass also die erwähnten Seiten dann in Zukunft leer bleiben. Kann passieren, muss aber nicht.

Hauptproblem beim Schreiben sind nicht die Wörter. Sie werden aus Buchstaben gebildet, da haben wir 26 Stück zur Verfügung, aus denen wir unschwer Wörter zammbasteln, aus den Wörtern Sätze, bestehend meist aus Subjekt, Prädikat, Objekt, die Sätze sodann einigermaßen sinnbildend aneinanderreihen, bis die Seite voll ist.

Das Problem aber bildet das Denken. Du denkst dir also was. Denkgegenstand: Das Ehrenamt. Die Denkwolken steigen dann ungefähr folgendermaßen aus dem Kopf auf:

In Nürnberg, gleich hinterm Marientunnel nach dem Abbiegen in die Regensburger Straße, befindet sich links ein vielleicht zwanzig Meter langes Denkmal der größtmöglichen Unterschiedlichkeit irdischer Lebenskunst. Ars vivendi. Erster Teil der Anleitung zum Leben bildet eine Reklamewand, auf der alle Monate neu dort steht, was zu tun ist. Ein Auto kaufen, ein paar Zentner wissenschaftlich entwickeltes Waschpulver für Perlweiß, ein Ei-Fon, Ei-Bett, eine Ei-Gentumswohnung, Ei-Ntagsfliegen und ähnliche Scheißdrecke. Oder, um es noch einmal lateinisch zu formulieren: Arsch vivendi. Auf Deutsch: Geld, das man nicht hat, zum Fenster naussch(m)eißen für nix und wieder nix.

Aber jetzt Frohlocken, der zweite Teil des Denkmals. Unmittelbar nach Plakatwandende erhebt sich was Denkwürdiges in Hanglage. Ein Eisenbahnergärtla, vielleicht 150 Quadratmeter Nutzfläche, Neigungswinkel wie eine Skisprungschanze, gut geeignet für Rollerfässla. Und dort kämpft seit vielen Jahren, wenn nicht Jahrzehnten ein älteres Männla, an Sisyphus gemahnend, gegen Unbilden aller Art. Gegen die Steilheit seiner kleinen Welt, gegen den Autolärm in der Regensburger Hauptverkehrsstraße, gegen Auspuffvergasung. An der vorderen Frontlinie des Gärtchens. An der hinteren Frontlinie, falls es so was gibt, dröhnen im Sekundentakt Rangierloks vorbei, S-Bahnen, Hochgeschwindigkeitszüge. Ob der dort zwischen den Mahlsteinen unserer erfindungsreichen Zivilisation tätige Sisyphus Bfrobfn in den Ohren stecken hat, weiß ich nicht. Vor Jahren habe ich ihn schon fragen wollen, ob ja, und was für einen Sinn sein Tun hat. Aber nie hab ich es gewagt, ihm ein Gespräch naufzuhängen. Weil, hab ich mir gedacht, man kann es sich vielleicht auch selber ausdenken.

Jetzt dann bald, im Frühling, werden dort Schneeglöckchen das Licht der Welt erblicken, Winterlinge, Märzenbecher, Narzissen. Veilchen womöglich. Und dann krautert der betagte Verschönerer der Regensburger Straßenhässlichkeit seine persönliche Hanglage nauf und nunter, beschaut sich sein Werk in aller Ruhe von der selbstgeschreinerten Wackelbank aus, denkt sich, dass er die Farben seiner Abstützbretter mit Lila, Vollgelb, Blassgrün wieder einmal sehr passend gewählt hat, hämmert ein paar neue Holzstufen in die Heimaterde, schlupft bei Regen in seine Ein-Mann-Unterstellhütte. Bald blüht dann schon der Flieder. Danach winden sich die Stangenbohnen in die Höhe, während die Radiesla sich in der Tiefe zu einer kleinen Vesper ausbilden. Mit Salz und Butterbrot und einem Seidlein Bier. Und auch sonst gibt es immer was zu tun. Schauen, wie es wohlgeraten ist, wie man im Kleinen groß sein kann, wie sich auch auf 150 Quadratmetern Hanglage eine Zufriedenheit ausbreiten kann, bis tief in die Seele hinein. Eine Zufriedenheit, welche den Spätherbst und den Winter ohne Weiteres überdauert. Und den Krach, den wir Vorbeifahrenden im Namen des Fortschreitens erzeugen, dämpft. Manchmal bis zur Stille.

Also so ungefähr entsteht eine Kolumne: Nix wissen, nix erfragen, nur hinschauen und sich was dazu ausmalen. Und alles zusammen natürlich verbunden mit der inständigen Hoffnung, dass es das Eisenbahnergärtla noch sehr lang gibt, und nicht eines Tages ein Vermessungsbeamter daherkommt und es mit Hilfe seines Planquadratschädels ausradiert.

Und was das jetzt alles mit dem Ehrenamt zu tun hat? Die Frage ist berechtigt, aber beantwortbar: Der Hanglagenkrauter in der Regensburger Straße übt seine Verkehrsinseltätigkeit ehrenamtlich aus. Und wenn es Ihnen einmal infolge Weltschmerzes danach ist: Durch's Marientunnel durch, dann links auf der linken Straßenseite, gleich nach der voll vernachlässigbaren Plakatwand, schräg gegenüber dem Fahrradgeschäft *Velo*. Die Besichtigung von außen ist kostenlos und tut sehr gut.

(2015)

Weinzierlein ruft

Um es gleich einzuräumen, nicht dass wir vollkommen unschuldig in was nei kommen: Ein Teil der folgenden Zeilen ist nicht auf unserem Mist gewachsen, ein fürsorglicher Leser hat es uns neulich eingeflüstert. Stichwort: Weinzierlein! Aber der Reihe nach.

In den momentanen düsteren, krokodilstränenreichen Tagen herrscht ja, zumal in wissenschaftlichen Kreisen, Heulen und Tastaturklappern. Angehende Doktoranden, Habilitanden, Dilettanten, noch titellose Ministranten und so weiter wissen nicht mehr ein und aus und ab und zu. Denn wenn man nicht einmal mehr in Bayreuth eine Doktorleiharbeit ordnungsgemäß abkupfern kann trotz sehr schöner Gegenleistungen – wo denn sonst noch!? Wo willst du als fundierter Halbwissenschaftler noch bromofieren? Dass guter Rat teuer is – klar, in Ordnung. Aber gleich so teuer! Da bleibst du ja womöglich ein Leben lang ein doktorloser Gnalldepp, wenn jetzt auch schon die Bayreuther Copyreiter derartig auf der Hut sind, dass sie es bereits nach vier oder fünf Jahren merken. Aber, wie eingangs schon angedeutet: Wenn du meinst, es geht nicht mehr, kommt irgendwo ein Lichtlein her. In unserem Fall aus dem schönen Weinzierlein, der strahlenden Alma Mater im lieblichen Bibertgrund.

Junge Schnösel, in feinen Zwirn gewandete Nachwuchssprechbläser, gut geölte Rhetoriker werden es nicht mehr wissen – aber jedem Altnürnberger Schlurcher ist es voll geläufig: Weinzierlein ist nicht nur Sitz einiger gut erhaltener Misthaufen, sondern auch der legendären *Kartel-Akademie*, wo seit dem Jahr 9 n. Chr. Sechsersechzg, Dreeg (bestehend aus Deutsch, Rot-Assn, Rufen und Kamerun) und vor allem Schafkopf gelehrt werden.

173

Dass das Wissen um die *Kartel-Akademie Weinzier-lein* nahezu gänzlich verschüttet ist, stimmt natürlich bedenklich. Aber immerhin existiert in einigen Antiquariaten noch Rudi Weickmanns Standardwerk *Die Kartl-Akademie Weinzierlein – einzig amtliches Lehrbuch für 66 und Närmberger Dreeg*, seinerzeit erschienen im Verlag *Albert Hofmann*. Rudi Weickmann, Kennern der örtlichen Brunskartler-Szene auch nach seinem Ableben in bester Erinnerung als Fußballer der Reserve des 1. FCN, Bademeister im alten Club-Bad, Babbligg-Riläischen-Mänädscher in der Grießbreifabrik Miluba mit hartem »b«, erwähnt in seinem Werk nicht nur die Grundzüge des Studiums wie etwa Abheben, Mischen, Melden eines Zwanzgers oder Värzzgers, Rauben, Löschen, feierliche Entgegennahme eines Gnobbern oder Bolln, Einweisung des akademischen Geistes in Form einiger Maß Bier, sondern er macht uns auch mit den einstigen Geistesgrößen der Hochschule bekannt: Prof. Dr. Dr. Dr. Alfredo di Trixiano, Rektor der *Kartel-Akademie Weinzierlein* und Träger des Ordens »Pour le profit«, Prof. Dr. Dr. Dr. Emmeran Duselbeck, Trixianos Stellvertreter, oder Prof. Dr. Dr. Justus Just, Dozent für das Lehrfach Mischen, welcher im Jahr 1932 unter erschütternden Umständen das Zeitliche segnete. Wir zitieren Weickmann: »Sein Ende als Kartler und Dozent war tragisch. Als er bei einem Simultan-Turnier in Gräfenberg trotz Trumpf-As und Värzzger nur auf 65 Augen kam, zerriss er die Karten, hüpfte auf den Tisch und drehte so vollends durch, dass man ihn in die schon damals bestehende Heil- und Pflegeanstalt Erlangen (Hupfla) einliefern musste, wo er im Alter von 92 Jahren verstarb.« Erwähnt seien noch die Professoren Kunz von Trutz zu Trutzenstein (voll blaublütig), Dozent für Decken, Dr. Zoltan Tschambosi und Prof. Andreas »Räiser« Sauerbeck, Behelfsrektor der Akademie-Außenstelle Schwabach. Folgt man den Einlassungen des Kartel-Akademie-Chronisten R. Weickmann, so kann es der Weinzierleiner Professoren- und Leerkörper ohne Weiteres mit dem teilweise ziemlich kurzsichtigen Personal der Universiät Bayreuth aufnehmen.

Last but not geleast sei jetzt also der tröstliche Hilferuf aus Weinzierlein angemerkt: Doktoren, welche mit ihrer Bromozion infolge mangelhafter Kenntnisse betreffs Gänsefüßchen, Anführungszeichen etc. pp., ob in Bayreuth oder wo auch immer, gescheitert sind – in Weinzierlein (leicht erreichbar über Gebersdorf, Sündersbühl, Leichendorf) sind sie herzlich willkommen. Einem Comeback steht dort nichts im Weg, die Fakultät Vorsätzlich Bscheißn sucht dringend Nachwuchs. Dissertationen, auf Wunsch auch Ministerposten, werden gestellt. *(2011)*

Glück und Glas und die Deppen von der Post

Scheint's ist die *Deutsche Post* momentan von einem Gemütszustand befallen, den man heutzutage durchaus als pathologisch einstufen kann; und zwar von gähnender Langeweile. Weil eigentlich besteht ja die sogenannte Kernkompetenz dieser *Deutschen Post* vornehmlich daraus, dass sie uns zammscheißt, wenn wir auf unser Weihnachtspäcklein die Anschrift statt links unten aus Versehen rechts oben hinbabbn, oder dass sie früh keine Briefe bringt, oder dass sie alle paar Schieß lang das Porto erhöht, oder dass sie im Postamt an zahlreiche Schalter ein Schild hinstellt mit der Aufschrift »Dieser Schalter ist zurzeit nicht besetzt«.

Aber statt jenen postalischen Pflichten ihrer Kernkompetenz sorgfältigst nachzukommen, hat sie neulich Briefträger ausgesandt, welche in ganz Deutschland 6 000 Personen fragen haben sollen, ob sie glücklich sind. Gegenfrage: Was geht die *Deutsche Post* unser Glück an? Und zweite Gegenfrage: Was ist überhaupt ein Glück? Gut, schon klar – gemäß Arnim Regenbogens *Wörterbuch der philosophischen Begriffe* (Felix Meiner Verlag, Hamburg, 14,95 Euro) handelt es sich bei Glück nicht ausschließlich um einen Sechser im Lotto plus Zusatzzahl und Jackpot oder um einen Club-Sieg, sondern selbstverständlich auch um das »Gefühl der Harmonie, den Zustand des inneren Einklangs von Wunsch und Befriedigung, den einzelnen günstigen Umstand, aber auch um das günstige Zusammentreffen von inneren Tendenzen mit äußeren Umständen und die Freude über solche gute Fügung«. Ende des gottseidank nicht ohne Weiteres verständlichen Zitats.

Das Schlimmste an den Nebenerwerbsglücksforschern der *Deutschen Post* ist jetzt aber noch nicht, dass uns vor einigen Wochen ein Briefträger am Gartentürla gefragt hat, ob bei uns eventuell innere Tendenzen mit äußeren Umständen und die Freude über solche gute Fügung zusammentreffen, sondern das mit Abstand Erschreckendste ist das Resultat dieser Ausforschung unserer inneren Tendenzen: Wir Nürnberger, wir Fürther, Schwabacher, Erlanger, Unterschlauersbacher, Kleingeseeser und so weiter, also wir Franken in Gänze, gehörertn der Auswertung dieser Befragung nach auf einmal zu den glücklichsten Menschen in ganz Deutschland! Ner fraali, ein Glück, das hätte uns jetzt vor Weihnachten gerade noch gefehlt. Was Blöderes hätte sich die *Deutsche Post* wahrhaftig nicht ausdenken können.

Im sogenannten Glücksatlas der Post liegen wir Franken, wie in befremdlich jubelnder Weise ausführlich berichtet, deutschlandweit an fünfter Stelle, ganz knapp nur hinter den Glücksgimbln aus Schleswig-Holstein, Baden, Niedersachsen und Hamburgern, und fünf Ranglistenplätze vor Oberbayern! Und da sei jetzt der *Deutschen Post* einmal in aller Deutlichkeit gesagt: Steckt Euch Euer Glück in den … Briefkasten und lötet ihn dann beidseitig zu! Mentalitätsmäßig gesehen brauchen wir nämlich kein Glück und schon gar nicht ein von der *Deutschen Post* ermitteltes. Wir sind am glücklichsten, wenn wir ein Pech haben. Wir gehen zum Lachen in den Keller, weil dort das Bier gelagert ist, und zum Weinen ins Nürnberger Stadion. Wenn wir früh aufwachen, falls überhaupt, und es ziehen Irrläufer von Endorphinen, Testosteron oder gar von Adrenalin durch unser Hirn, welche uns zu dem Ausruf verleiten: »Guten Morgen, liebe Sonne! Haid is a Dooch, haid kennd i Baim rausreißn!« – dann sind wir schon Sekunds später wieder in der richtigen Spur. Indem wir uns sorgenschwer fragen: »Baim rausreißn? Schbinn ich gwiss aweng? Wo soll i denn mid den ganzn Hulz hii.« Dann wälzen wir uns aus dem Bett, stolpern über die Hausschuhe, brettern mit dem Kinn an den Bettpfosten, entledigen uns auf diese Weise eines Schneidezahns, reißen uns beim Rasieren einen etwa fünf Quadratzentimeter messenden Hautlappen aus der Wange, verbrühen uns am Kaffee Lippen, Zunge, Unter- und Obergaumen sowie die Speiseröhre, kommen eine halbe Stunde zu spät, in die Schlafanzughose gekleidet, in die Ärwerd, welche allerdings nicht stattfindet, da wir den Samstag mit dem Freitag verwechselt haben. Da halten wir dann kurz inne, lauschen dem Starkregen, wie er auf unsere Seele prasselt, und freuen uns auf einen Tag, der nunmehr seinen uns wie unendlich anmutenden Lauf nimmt, mit Kümmernissen aller Art, mit Miss- und Wehmut, Harm, Gram und mannigfacher Betrübnis. Wir lieben ein Glatteis, zumal im Zustand der Ungestreutheit seitens des SÖR, wir lieben den Nebel, das Scheißwetter und den gebietsweisen Hagelschlag, am schönsten wäre dann und wann ein mittelschwerer Weltuntergang.

Das soll sich die *Deutsche Post* hinter ihre Hängeohren schreiben und uns in Zukunft mit ihren quälenden Umfrageergebnissen verschonen; und auch alle anderen Optimismus-Missionare, vor allem jene Rathauspolitiker, die uns dauernd weismachen wollen, dass ein sich dem Ende zuneigendes Glas Bier nicht halb leer, sondern vielmehr halb voll ist. Auch sie sollen sich merken: Ein Bierglas wird, jedenfalls bei uns, nicht voll, sondern leer getrunken. Folglich ist es nach dem zügigen Einpfeifen der Hälfte des Inhalts halb leer. Und überhaupt gilt in beiden Fällen: Glück und Glas, wie leicht bricht das.

(2015)

1300 Jahre Frankenschnellweg

Viele von Ihnen werden wahrscheins nicht im Entfern-
testen ahnen, wie schön und geruhsam es ist, in Nürnberg
und drumrum zu leben. Vergleichen wir unser Dasein nur
einmal mit München. München ist von vorn bis hinten,
von Fröttmaning bis Pullach, ein einziger Murks, ein
verkehrsplanerischer Schnellschuss in den Ofen, raum-
ordnungsverfahrensmäßig gesehen ein einziges Magen-
geschwür immensen Ausmaßes.

Die planen dort in dieser sogenannten Landeshauptstadt
zum Beispiel einen Petuelring, oder wie die Geisterbahn
heißt, unterirdisch, und es kann aber von einer Planung
nicht im Mindesten die Rede sein. Da schießt es dem Ude
nachmittags plötzlich durch den Kopf »Mir könnten doch
amal einen Petuelring mit Tunnel bauen«, eine Stunde später geht er nüber ins Maximilianeum, wo das unterirdische
Petueldingsbums genehmigt, bezahlt und die überhaupt
nicht fragliche Summe sogleich onlein überwiesen wird.
Und wiederum nur kurze Zeit später brettern schon die
Autofahrer durch ihn durch von Moosach Ost zum Nord-
friedhof. Diese Art von Planung ist Panik.

Und jetzt das tausendmal sanftere, extrem durch-
dachte, alle im Universum vorkommenden Eventual-
Hindernisse berücksichtigende Vorgehen in Nürnberg,
etwa bei den Bemühungen, den Frankenschnellweg
einen Hauch flüssiger, leiser, giftfreier zu machen, sodass
die ungefähr 10000 Anwohner dort dereinst mindestens
zehn Minuten am Tag auch einmal eines ihrer Fenster
einen Spaltbreit aufmachen, zum anderen aber dennoch
einige Autos fahren können.

Natürlich nimmt so ein volldurchdachtes Vorgehen etwas
mehr Zeit in Anspruch. Im Fall des Frankenschnellwegs

reichen die Anfänge der Planungen ca. 1 300 Jahre zurück, ins Zeitalter Karls des Großen (747–814), welcher damals auch möglichst schnell von Süd nach Nord oder umgekehrt reisen hat wollen und infolgedessen in der Nähe von Treuchtlingen einen Kanal graben hat lassen.

Diese Fossa Carolina ist zunächst gleich wieder eingestürzt, später ist aus ihr der Ludwig-Donau-Main-Kanal geworden, auf dem dann vom Jahr 1925 an eine Stadtautobahn geplant worden ist, also ein Ring rund um das damals schon existierende Nürnberg. Gut Ring will Weile haben, wie der Dichter sagt, und die Planungen haben sich bis zum Jahr 1953 ausgedehnt. In der erforderlichen Besonnenheit ist wiederum sechs Jahre später, 1959, der erste Spatenstich erfolgt. Und im Jahr 1976 hat man den Frankenschnellweg sehr vorsichtig und mit viel Geduld befahren können.

Noch einmal 20 Jahre später ist man durch zahlreiche Befragungen draufgekommen, dass die an die Stadtautobahn anrainenden Gebiete – Ronhof, Poppenreuth, Gostenhof, Doos, Sündersbühl, Steinbühl, Schweinau, Gibitzenhof – im Lauf der Jahrhunderte inzwischen, vermutlich ungenehmigt, besiedelt worden sind. Zusätzlich hat sich auch der Verkehr seit Karl dem Großen dahingehend entwickelt, dass die täglich 60 000 Autos infolge einer Welt-Rarität sondergleichen – einer Autobahn mit Kreuzungen und Ampelregelung – vorsichtshalber lieber gestanden als gefahren sind. Folgerichtig ist die Stadt Nürnberg vor etwa 20 Jahren erneut in ein Planungsstadium eingetreten, wo sie sich heute noch befindet. Dort sind sie jetzt aber in dieser Woche aufgerüttelt worden, indem der bayerische Landesvater höchstpersönlich mit einschlägigem Gefolge in Nürnberg eine Audienz abgehalten hat. Mit der sensationellen, sich fast schon im

Stadium einer Huld befindlichen Nachricht – dass er einen kleinen Tunnel und einige sehr schöne Lärmschutz-wällchen, welche 400 Millionen Euro kosten, höchstwahr-scheinlich selber aus unserer Tasche zahlt.

Wenn also in unserem Geldbeutel in den nächsten Jahren nix dazwischenkommt, könnte sich ungefähr 2020 oder 2025 oder 2030 über der uns schon lang ans Herz und ans Trommelfell gewachsenen Stadtautobahn ein kleiner Tun-nel wölben, könnte der Frankenstehweg von efeuumrank-ten Lärmschutzwällen gesäumt sein. Es muss lediglich noch erforscht werden, ob im rauen Klima des Nürnber-ger Süd-Westens ein Efeu überhaupt so schnell wächst und wieviel Zuschüsse der Seehofer für das Jahrtausend-Bauvorhaben letztlich wirklich aus unserem Geldbeutel entnehmen will. Er selber hat sich in dieser Woche in Nürnberg nicht dazu geäußert, ganz einfach, weil er noch nicht genau weiß, wieviel wir ihm geben. Aber er hat sich wie folgt versprochen: »Der Frankenschnellweg kommt!« Wenn nicht, geht er, der Frankenschnellweg, zunächst nach München, wird dort überstürzt in einem Vierteljahr überbaut, und dann können wir ihn in Fröttmaning fix und fertig abholen.   *(2011)*

Die Wendelsteiner Radler-Schnalze

Jeder Mensch hat gern sogenannte Superlative, also die weltweit möglichst sonst nirgends mehr vorkommende Höchstform des jeweiligen Seins, sodass man zum Beispiel als das schönste, das reichste, das intelligenteste, das vollkommenste, das dümmste Geschöpf unter der Sonne gilt. Je nachdem, was man sein möchte.

Die an Superlativen aller Art sowieso schon reich gesegnete Stadt Nürnberg hat ihrem glänzenden Sein in dieser Woche schon wieder eine Höchstform hinzufügen können, welche der beste Eröffner der Neuzeit, unser Innenminister Herrmann, zwar ohne Fahrradhelm, aber sonst wunderbar eingekleidet, am Mittwoch feierlich eröffnet hat. Und jetzt haben wir mit 4500 Metern ziemlich lichter Länge Asphalt, obacht, jetzt kommt's: Den teuersten Radweg Bayerns!!! »Chapeau!« würde der fahrradbegeisterte Franzose jubeln, während der Franke frohlockt »Helm roo!«, aus Dankbarkeit für so ein schönes Stück Teer.

Diese einmalige Pretiose, dieses Juwel von Radweg führt vom südlichsten Süden der Stadt, vom Zollhaus, direkt an die Randgebiete der Perle des Schwarzachtales, also in etwa nach Wendelstein, und hat knapp sechs Millionen Euro gekostet. Und damit ist des Jubelns, des Dankens und so weiter ja noch kein Ende, denn weitere 1,5 Millionen Euro, die für die Fertigstellung des vielleicht in zehn Jahren vollendeten Jahrtausendbauwerks noch benötigt werden, sind in dieser wahrlich stolzen Summe bereits enthalten. Oder auch nicht.

Mit Recht hat infolgedessen der den Radler-Highway ebenfalls innig liebende Wendelsteiner Bürgermeister den Tag der Eröffnung als einen »denkwürdigen Tag« in die Geschichte der Radwege eingemeißelt. Denn, wenn schon denkwürdig, könnte man sich jetzt zum Beispiel denken, dass es von Nürnberg ins zweifellos sehr schöne Wendelstein schon seit Menschengedenken zwei Radwege gibt. Der eine führt von der Gartenstadt am alten Ludwig-Donau-Main-Kanal in die Marktgemeinde, der andere von Langwasser aus durch den Reichswald. Aber da muss man natürlich, wie es auch unser Fahrradwegeröffnungsminister im Zusammenwirken mit den beteiligten Oberbürgermeistern, Bürgermeistern, Referenten in langen, langen Denkpausen getan hat, ein bisschen weiterdenken. Denn nichts ist schlimmer, furchtbarer, unheilvoller, folgenschwerer als ein Radweg am Alten Kanal entlang oder gar ein Radweg durch den in Resten leider immer noch bestehenden Reichswald.

In den Kanal zum Beispiel kann man vor allem nach der Rückkehr von der *Gaststätte Brückkanal* in hohem Bogen hineinfliegen und bestenfalls, wenn überhaupt, als Schlammsau wieder aus ihm herauskrabbeln.

Und der andere Radweg durch den Reichswald ist nicht nur einige mühsame Meter länger, sondern er führt auch noch, wie man jetzt vielleicht schon bei dem Wort »Reichswald« ahnt, durch einen von Bäumen okkupierten Wald. Also praktisch Extrem-Radfahren. Im Frühjahr schlagen die Bäume aus, im Herbst fallen sie oft nach bereits 300 Jahren um, schmeißen mit Ästen, Zweigen, Blättern nach dem vollkommen arglosen Radler. Und etwa ab 2,5 im *Gasthof Brunner* oder *Haubner* oder *Kübler* oder *Flaschner* eingenommenen Promille kann man an diese Bäume sogar hinhudzn. Die Folgen: Kopfweh, Sternla, marodierende weiße Mäuse im Unterholz!

So hat also die einzige Lösung für einen einigermaßen baum-, schlamm- und kopfwehfreien Radweg nur lauten können: Superlatief- und Hochbau.

Und so haben dann Hundertschaften von Kränen, Radladern, Bulldozern, Dampframmen, Asphaltiermaschinen, Harvestern in nur knapp eineinhalb Jahren nicht nur einige Hektar massiv störende Bäume entfernt, sondern letztlich ein großes Wunderwerk der Straßenbaukunst geschaffen: Überführungen, Unterführungen, vollkommen wasserfreie Bachläufe, karussellartige Steigungen und Neigungen, Brückenauf-, Brückenabfahrten, praktisch ein Radiodrome, wie wir es als Motodrom für Autos höchstens noch vom Nürburgring her kennen. Was dort an der Nürnberg-Wendelsteiner Radler-Schnalze noch fehlt, wären Zuschauertribünen, ansonsten ist es perfekt.

Und wenn Bayerns teuerster und überflüssigster Radweg eines schönen Jahrtausends einmal gar bis in die bekannte Edelstmetall-Metropole Schwabach durchgehend fortgeführt werden sollte, dann dürfen wir doch hoffentlich erwarten: Alles mit Blattgoldüberzug, oder?

(2011)

Namen sind Überschall und Rauch

So schnell schaust hierzulande gar nicht, is am Himmel schon wieder die Hölle los. Momentan am Himmel über unserem worldwide unbekannten Airbort Nuremberg-Ziegelstone. Dieser verfügt derzeit über die sehr stattliche, zahlreiche Banken äußerst zufriedenstellende Summe von 140 Millionen Euro Schulden. Dank einiger guter Maßnahmen kommen jedes Jahr zwei, drei, vier oder auch fünf Millionen Miese dazu. Nix Gwieß weiß man nicht, denn wie sagt schon der legendäre Gebersdorfer Nihilist Heinzi Döderlein in seinem Hauptwerk »Augen zu und durch«, Band 1: »Was ich nicht weiß, macht mich nicht heiß.«

Jetzt hat es aber der oft in München tätige Nürnberger Finanzaktenlocher Markus Söder doch wissen wollen und nach einem höchstwahrscheinlich ziemlich fröhlichen Beisammensein mit einigen hiesigen Schuldenerzeugern vorgeschlagen: In möglichst baldiger Bälde soll der Airbort Nuremberg-Ziegelstone zwar nicht feierlich beschnitten, aber nach altem christlichen Brauch umgetauft werden – in Albrecht-Dürer-Flughäfala.

Infolge dieses neuen Namens wird er alsbald gesunden. Über seine Start- und Bruchlandebahn wird sich nicht nur dann und wann ein Flieger herniedersenken, sondern zwangsläufig auch der Fortschritt. Albrecht Dürer also wird es richten, jener berühmte Maler, Vielflieger und einstige Sieger des Lufthansawettbewerbs Milz & Mohr, in dessen Namen gerade in Nürnberg schon alles floriert, was man sich nur denken kann: Lebkoung, Dosnbratworschd, Ausstellungen, Straßen, wohlbeleumundete Wirtshäuser, Nashörner etc. Sie alle befinden sich im Aufwind, was gerade bei Nashörnern extrem anstrengend ist, warum nicht auch der künftige

185

ADA, der Albrecht-Dürer-Airport. Und warum ist man nicht schon viel früher draufgekommen, etwa zu Lebzeiten unseres Malerfürsten Ende des 15. Jahrhunderts?

Die Antwort auf diese bohrende Frage hat eine Arbeitsgemeinschaft (»Arge Wachsdummköpfe«) schon vor längerer Zeit erteilt: Ende des 15. Jahrhunderts ist Ziegelstone noch nicht mit Start- und Landebahnen und Fliegern ausgeschmückt gewesen, sondern mit einem sogenannten Wald, was immer das ist.

Aber jetzt geht's also aufwärts mit dem ADA oder, um es mit der Sprache der Humanisten auszudrücken: Up, up and away. Beziehungsweise Kubfway. Im Namen des Herrn Albrecht Dürer werden nach der Umtaufe täglich Hunderte, Tausende, Zehntausende Flüsterjets über unserem Endiviensalat- und Rettichanbaugebiet schweben, der oder das Business boomt, dass es in den Ohren der Ziegelstoner, Buchenbühler, Krafts-, Almos- und Neunhofer nur so scheppert.

Als Erstes wird es höchstwahrscheinlich in einem Kaffeesatzlese-Labor boomen, wo der Söder jetzt dann gleich betreffs Albrecht Dürer, Business & Shopping-Miles & More ein Gutachten in Auftrag gibt. Es soll – für die hart erforschte Weissagung, dass bald alles nicht gut, sondern besser wird – 200 000 Euro erhalten. Wie wir solche, in ihren mathematischen Entwicklungen meist ziemlich guten, extrem fortschrittlichen Gutachten kennen, könnte es am Schluss plus Mehr-oder-weniger-wert-Steuer sogar auf 4 – 500 000 Euro fortschreiten. Wobei es sich selbstverständlich um unser Geld handelt, das da up, up and away boomt. Also ebenfalls alles Albrecht Dürer, AD, ade auf Neveragainlooking.

Wieso sich aber ausgerechnet jetzt, mitten im größten Erfindungsreichtum unserer Namensfindungskommission,

wieder einmal hierorts sattsam bekannte Verweigerungs-
notoriker gegen die wunderbare Kopulation von Pinsel
und Triebwerk, von Dürer und Düse mit aller Macht
stemmen, erscheint rätselhaft, unverantwortlich. Ist diesen rückschrittlichen Brozzlhoofn nicht bekannt, wie
gerade ein Albrecht Dürer als großer Visionär von künf-
tigen Airborten gewirkt hat? Kennen sie nicht die Haupt-
werke des Meisters: Feldhase, Betende Hände, Großes
Rasenstück? Ahnen sie nicht, dass mit ihnen die entlang
der Startbahn hoppelnden Hasen, die Rasenstückres-
terampe nördlich der Betonpiste, die bei Flugangst ver-
krampften, betenden Hände damals schon ahnungsvoll
vorgezeichnet waren? Und was könnte für einen Flughafen als Fortschrittsmotor besser geeignet sein als ein
Name, eingedenk des Sprichworts »Namen sind Schall
und Rauch«. Schall und Rauch, Erscheinungen also, die
nicht nur bei jeder noch so kleinen Boeing ständig zu
beobachten sind, sondern die auch unser ganzes Wirken
und Tun und Machen vom dereinstigen Nordspänglein
bis zur Ausfriedung der Anwohner auf das Vortrefflichste
darstellen. Unter Umständen sogar auf das Hintertreff-
lichste, fortschrittsmäßig gesehen.

Und da es jetzt mit den Lobliedern auf unsern Alb-
recht-Dürer-Airbort langsam reicht, möchten wir zum
Thema Fortschritt mit einem Satz von Herrn Jaroslav
Hašek (aus Nürnbergs Partnerstadt Prag, 1883 bis 1923)
schließen: »Der Fortschritt ist eine zweischneidige Sache
wie das Bier. Die Leute machen sich da dran und wissen
nicht, wann sie aufhören sollen. Und darum Vorsicht mit
dem Fortschritt.«   *(2012)*

Die Pulverisierung der Fränkischen Schweiz

So ist das oft mit Zwischenfällen. Da senkt sich für einige Stunden eine schöne Gemächlichkeit auf Stadt, Land und Fluss hernieder, beschaulich, teilweise sogar bezahlbar bis dorthinaus, dass du denkst: Jetzt is alles schön und gut, heute nicht bfobfern. Und bums! Kommt uns schon wieder ein Zwischenfall dazwischen, bricht es über uns zusammen. Diesmal eine gewisse Frau Sandra Schneider aus dem schönen, mutmaßlich jedoch extrem hochpreisigen Trier.

Wer oder was sie Trier, dem berühmten Aufbewahrungsort einer wundersamen Jesus-Reliquie, abspenstig gemacht hat, in die Fränkische Schweiz als Tourismus-Direktorin, weiß man nicht. Man weiß nur, dass jene Frau Schneider die Fränkische Schweiz in ihrer bisherigen Erscheinungsform für extrem bescheuert hält. Biere, Bratwörschd, Schweinebraten, Schäuferla, sagt sie, alles viel zu billig, null Preisniveau. Und überhaupt müsse die Fränkische, womöglich sogar die Hersbrucker Schweiz entschieden vornehmer werden. Von Hundshaupten bis nach Unterzipfelsbach eine Fünf-Sterne-Region, dass es nur so klappert – teils zwischen den dann weitgehend arbeitslosen Mahlzähnen, teils im Geldbeutel. Auf den güldenen Tellerlein muggnschissartige Moongdredzerla, die Feinunze zu 17 Euro, in der mundgeblasenen Pipette ein Milliliter Bier, und am handgebrannten Edelschlehen dürfen wir gegen Entrichtung einer Verkostungspauschale in Höhe von 15 Euro kurz einmal vorbeiriechen.

Nur so oder so ähnlich könne es mit der Fränkischen Schweiz, deren kümmerliche Hügel ja sowieso viel zu niedrig sind, endlich einmal aufwärts gehen. Und recht hat sie, die Frau Schneider! Weil wer in Trier Tourismus studiert hat, was immer das ist, der weiß Bescheid. Spürt doch sogar jeder von uns Deppen, die wir keinerlei Tourismus studiert haben, wie die Fränkische seit Jahrhunderten dahindarbt. Erst neulich haben wir wieder einmal einige Wirtshäuser in Egloffstein, Mostviel, Dietzhof, Kirchehrenbach, Pretzfeld, Muggendorf, Behringersmühle, Pottenstein und so weiter heimgesucht.

Dass wir diese Bruchbuden über viele Jahrzehnte lang nahezu klaglos ertragen haben, wundert uns auch. Aber jetzt, wo es die Frau Schneider anlässlich ihres Tourismus-Studiums sagt, fällt es uns wie Schuppen von den Karpfen: Weit und breit kein roter Teppich, kein livrierter Gasthausdiener, der uns zu Tische trägt, kein geeistes Lauchsüpplein, kein Babylachs im Morchelbettlein, kein Austernpüree an Petunienknöspchen auf der Speisekarte. Und wollten wir in einer dieser Armenunterkünfte unser merkwürdiges Haupt zur Ruhe betten – finden wir dann eine schwarzgeldzertifizierte Herberge mit Bidet, handgeklöppelten Kopfkissen und Pfauenfedermassage? Die Nacht zu 500 oder 1 000 Euro? Wir finden sie natürlich nicht.

Die Folge dieser Misswirtschaften ist klar: Es kommen extrem wenige russische Oligarchen in die Fränkische Schweiz, fast keine griechischen Onassisse, und soweit wir Kenntnis haben, sollen noch nicht einmal die englischen Royals eines ihrer Lackschühlein auf Schüttersmühler Boden gesetzt haben. Geld regiert bekanntlich die Welt, und 7 Euro für ein verhältnismäßig rösches Schäuferla mit Kloß und Gem. Sal. oder 1,90 für ein überschäumendes Seidlein Bier (0,5 Liter!) sind mitnichten ein Geld, sondern mit Müh und Not höchstens ein Almosen. Sagt ja auch die Tourismus-Wissenschaftlerin Schneider.

Natürlich sind jetzt nach den mutigen Thesen dieser Fremdenverkehrszahlenkosmetikerin da und dort, vor allem da in Nürnberg, Nebenerwerbs-Gaaferer auf den Plan getreten, welche argwöhnen, die Frau Schneider habe entweder vor Kurzem eine mindestens zweistellige Millionensumme im Lotto gewonnen oder es tue ihr die frische Luft in der Fränkischen Schweiz nicht gut. Überdies fragen diese Vollnotoriker besorgt, wo sie nach vollzogener Luxurösisierung, Aufbrezelung und Preispotenzierung der Fränkischen Schweiz, welche dann eventuell zur Schweiz an sich mutieren soll, wo sie also dann ihren knurrenden Magen, ihren ausgedorrten Hals, ihren verhältnismäßig niedrigen Kontostand und ihre unstillbare Sehnsucht nach einem bisschen Rest-Romantik positionieren sollen? Vielleicht in der momentan noch tourismuswissenschaftlich unberührten Hersbrucker Schweiz, sodann in der Oberpfalz, Böhmen, Ukraine, und am Schluss hocken wir im Zuge unserer Flucht statt schön, satt und zufrieden in Osternohe beim *Igelwirt* auf einmal im sehr fernen Osten, in China, bei Reiswein, Engerlingsröllchen und Hundekotelett? Viel lieber, so äußern sich diese potentiellen Heimatvertriebenen, wäre es ihnen aber, die Frau Schneider stellte ihre Bemühungen um eine Pulverisierung der Fränkischen Schweiz ein. Auf der Stelle. Oder wo auch immer. Dem schließen wir uns vollinhaltlich an.   *(2012)*

Ochsenköpfe

Wir Franken sind schon wirklich die Deppen in Bayern. Jetzt hat es zwar, fast pünktlich zum Ende der Fußball-Winterpause, geschneit. Aber die 30 Zentimeter weiße Pracht reichen nördlich der Donau gerade mal zu Verkehrschaos, Bahndebakel und Gehsteigstreupflicht. Zum Skifahren, befürchtet man am Ochsenkopf, reicht es noch nicht richtig. Der Schnee ist zu schneeig, für Pistenwalzen schwer pressbar. Deswegen drängt die Ochsenkopf-Gemeinde Bischofsgrün trotz Schneefall weiterhin auf ihr Jahrtausendprojekt: Eine tiefgekühlte Skihalle nach rheinischem Vorbild für schlappe 24 Millionen Euro. Womit sich die Ochsenkopfer aber nicht begnügen sollten. Wir weisen in diesem Zusammenhang dringend darauf hin, dass man in schneearmen Wintern nicht nur nicht Ski fahren oder Pisten walzen kann. Sondern man kann im verhältnismäßig niedrigen Fichtelgebirge weiterhin keine Achttausender besteigen, weder mit noch ohne Sauerstoffgerät, weil keine Achttausender da sind. Man kann sich nicht dem Ice-Climbing widmen, nicht dem Canyoning, dem Wasserfall-Rutsching. Man kann nicht brandungsschwimmen, wellensurfen, tiefseetauchen oder Eisbären jagen. Es sollte also am besten gleich neben der Skihalle noch ein Himalaja errichtet werden, ein Indischer Ozean, ein Yukon River, ein Süd- und ein Nordpol, Niagarafälle, eine Wellenmaschine. Und nicht zu vergessen: die Sauerstoffflaschen. Sauerstoff ist auch gut für die Durchblutung aller Gefäße.   *(2007)*

Für die gesamte Menschheit gibt es, wie jeder weiß, alles in allem sieben Welträtsel.

1. Was ist das Wesen von Materie und Energie?
2. Wo kommt die Bewegung her?
3. Wer oder was ist der Ursprung der Empfindung?
4. Die Frage nach der Zweck- oder Unzweckmäßigkeit der Natur.
5. Woher kommen das Sprechen und das Denken?
6. Wie steht es mit der Wirklichkeit der Willensfreiheit? und
7. Wie und vor allem warum ist das Leben entstanden?

Über die Welträtsel wissen naturgemäß die Philosophen voll Bescheid, welche die jeden Straßenbahnschaffner oder Sardinenwegglaverkäufer brennend interessierenden sieben Fragen extra für uns erfunden haben. Der eine Teil der Philosophen sagt infolge der immensen Kenntnisse über die Welt, dass die Welträtsel unlösbar sind, der andere Teil ist überzeugt: Die sieben Rätsel sind ein grober Unfug.

Letztere haben recht, weil – es gibt nämlich nicht sieben Welträtsel, sondern acht. Das achte Welträtsel ist jedoch extrem kompliziert darzustellen.

Es handelt sich zunächst um ein nicht exakt definierbares Wesen, ein Phänomen, ein unfassbares Gebilde, knallgasförmig, flüssig, oft nebulös, dann wieder geisterhaft, nicht selten an einen Volldeppen gemahnend. Dieses Wesen hat sein Unwesen schon auf der Deutschherrnwiese getrieben, in Zerzabelshof, am Valznerweiher, am Dutzendteich. Manchmal verwandelt es selbst abgrundtief fantasiefreie Menschen in wandelnde Schimpfwörterlexika. Sie bezeichnen dann das offenbar aus mehreren

Wesen bestehende Wesen in stundenlangen Abhandlungen als Luschen, Gurken, Litfaßsäulen, Rasenschoner, Gänseblümchenzupfer, als Rhinozerosse, Drimmer Oorschlecher, Riesenrimbfiecher, dahergloffne Abkassierer, bläide Hund, Schlehmile, Angsthasen, Ruheständler, Weicheier, auszullte Stadwurstschnerpfel. Meist in den späten Frühjahrsmonaten vergleicht man sie gern auch mit dem Junikäfer und stellt dabei, mathematisch meist nicht ganz korrekt, fest, dass jener Junikäfer mehr Punkte hat als das erwähnte Wesen oder auch Unwesen.

Namhaften Geschichtsforschern zufolge hat die welträtselhafte Erscheinung vor 110 Jahren das Licht der Welt, damals noch kein Flutlicht, erblickt. Große Leuchten sind in letzter Zeit bei ihm selten tätig, sodass es in den 110 Jahren eine etwas befremdlich anmutende Bilanz aufweist. Wobei die Bilanzen schon immer ein wunder Punkt gewesen sind, man ist meist auf sehr grobe Schätzungen angewiesen. Insgesamt hat das erwähnte Wesen in den 110 Jahren also schätzungsweise eine Million Tonnen Nervenbahnen zerstört, an Flüssigkeit (Tränen, Angstschweiß, Erleichterungsbrunserla) eine Menge produziert, welche einem Vergleich mit den acht Weltmeeren (Pazifik, Atlantik, Indischer Ozean, Karibik, Mittelmeer, Gelbes Meer, Nordsee, Dutzendteich) ohne Weiteres standhält. Weiters sind durch diverse Meinungsverschiedenheiten über Für und Wider des Wesens etwa 50 Millionen Schelln, Prügel, Renn- oder Propellerfotzn verabreicht worden. Nervenzusammenbrüche, Herzinfarkte, Sehstörungen, geistige Verwirrungen aller Art gehen, so die Bestandsaufnahme der Medizin, gegen unendlich, wenn nicht sogar weiter. Ähnlich undefinierbar stellt sich auch die Zahl der Beinahe-Insolvenzen und der sogenannten Trainer dar. Über diese Trainer weiß man meistens nichts Genaues, nur dass über sie hierorts ein meist in der Vorweihnachtszeit gern verwendeter Merksatz kursiert: »Der schdelld sein Grisbaum aa nedd in Närmberch auf.«

Der sachdienliche Zweck des Wesens besteht aus einem Widerspruch in sich selbst: Es schüttet an sogenannte Fußballspieler sehr viel Geld aus, obwohl es noch nie über einen längeren Zeitraum hinweg ein Geld gehabt hat. Zuverlässig stellt sich hingegen der Turnus seiner sehr regelmäßigen Auf- und Abstiege dar, man kann seinen Kalender danach stellen.

Das Wesen ist vor 110 Jahren auch getauft worden, und zwar auf den Namen 1. Fußballclub Nürnberg. Wenn es, was ungefähr alle zwei Jahre zweimal vorkommt, gegen das benachbarte Wesen SpVgg Greuther Fürth eine Art Fußballspiel durchführt, dann kursiert ein weiterer Merksatz, welcher lautet: »Not geecher Elend.«

Ob sich das Phänomen 1. Fußballclub Nürnberg um die Sonne dreht oder aber, was man fast eher vermuten möchte, die Sonne um den Fixstern 1. Fußballclub Nürnberg, das entscheidet der jeweilige Sonnengott, satzungsgemäß auch »Präsident« genannt.

Soweit also das Wesen, um welches sich das achte Welträtsel rankt: Warum bibbern, zittern wir jede Woche um diesen 1. Fußballclub Nürnberg, geißeln und kasteien uns, wollen manchmal vor lauter Verzweiflung nicht mehr leben und zahlen für einen neunzigminütigen Anblick von elf Litfaßsäulen auch noch einen Eintritt? Ist er uns in die Seele nei implantiert worden? Oder hängt es mit dem bereits erwähnten, hier beheimateten Urknall zusammen? Niemand weiß es, auch kein Philosoph.

(2010)

Babbligg Bfliedsching

Höchstverehrte Hohligans, Freunde des hiesigen filigranen Rumplfußballs – edzerdla sträubt sich mir die Tastatur, werden mir meine beiden Schreibefinger pelzig und will es mir einfach nicht in den Sinn, falls ich überhaupts noch einen habe: Der uns allen ans Herz, teilweise auch ans Zwerchfell gewachsene 1. FC Nürnberg ist (jetzt muss es trotz aller Unfass- und Furchtbarkeit hingeschrieben werden; nur schwer und stammelhaft fleußen mir die folgenden Worte aus meiner kleinen Buchstabenstanzerei) – der 1. FC Nürnberg ist abgestiegen. Und zwar in die zweite Liga!!! Und die, die wir es inzwischen für halbwegs bare Münze nehmen, dass diese Zweitklassigkeit am vergangenen späten Samstagnachmittag aus heiterem Himmel tatsächlich in Kraft getreten ist, wir fragen uns doch alle: Wie hat es passieren können?

Noch nie, außer vorher ungefähr siebenmal, noch nie also ist unser, auch Club oder gar Glubb genannte, 1. FC Nürnberg mit diesem fraglos schwersten aller im Menschsein vorkommenden Schicksalsschläge darniedergeworfen worden.

Mit diesmal nur drei Trainern hat jener Club eine sehr schöne, auch für das einigermaßen kurzsichtige Auge der Betrachter äußerst angenehme Saison gespielt, hat dann und wann sogar einige Tore – bekanntlich der tiefere Sinn eines Fußballspiels – erzielt und sage und schreibe an die fünf Spiele gewonnen. Und dazu noch die meisten Spiele fast, beinahe, um ein Haar gewonnen beziehungsweise im Zusammenhang mit der Einwirkung dunkler, noch zu ermittelnder Mächte verloren.

Aber dass man deswegen gleich absteigen muss? Noch dazu in eine zweite Liga? Eigentlich kann das nicht sein, aber anscheinend ist es so. Anscheinend steigen neuerdings immer zwei bis drei Fußballvereine aus der ersten in die zweite Bundesliga und von dort gemäß der Arithmetik in die dritte, vierte, fünfte Liga und so weiter ab. Und aus Gründen, die sich keinem dem Sport und Spiel verhafteten Menschen je erschließen werden können, erwischt es mit dem Absteigen immer die in der Tabelle am Ende stehenden zwei, bis drei Vereine, also die Schlusslichtgestalten. Das hätte man uns aber doch sagen können, ja müssen, dann wäre es ohne Weiteres abwendbar gewesen.

Aber jetzt – jetzt hält die Welt den Atem an, Nürnberg steht nicht mehr vor dem Abgrund, sondern befindet sich mittendrin in ihm. Und was werden die in ihrer alles zermalmenden Wucht noch gar nicht ermesslichen Folgen sein? Ein Tränentsunami wird die einst so stolze, erhabene, ja majestätische Stadt heimsuchen, ein Babblig Bfliedsching, dass die Bengerz anschwillen lässt und alles ins Verderben mitreißt. Wie die Lemminge werden wir uns höchstwahrscheinlich, nach Entrichtung des Eintrittsgeldes, vom Sinwellturm zu Hunderttausenden in die Tiefe stürzen oder wie seinerzeit der Eppelein hinab in den Burggraben, aber ohne Pferd. Schon haben wir vernommen, dass der eine oder andere Bratworschd- und Sardinenwegglakonzern im Stadion signifikante Umsatzeinbußen befürchtet, viele ein- und ausheimische Biere werden womöglich nicht mehr getrunken, zig Millionen von Touristen, welche sich nur wegen des 1. FC Nürnberg zu Wasser, zu Lande und sogar aus der Luft in unsere Metropolregionsmetropole begeben haben, werden da bleiben, wo sie hingehören, nämlich daheim. Der Ganzjahres-Christkindlesmarkt wird ein, wenn auch schönes Hirngespinst bleiben. Unser Überlebenselixier,

196

der Glühwein – der Welt einzige einigermaßen trinkbare Sekundenkleber – wird in den Lagerhallen der Sirupmanufakturen verderben. Unsere Oase, der nach wie vor an einigen Tagen im Jahr vollkommen algenfreie Wöhrder See, verlandet. Unsere pittoresken, weltweit gerühmten Plätze wie Aufseß-, Sebalder-, Bahnhofsvorplatz oder Hauptmarkt versteinern. Eine Gemütskrankheitenepidemie, ein Massenmumbfln wird die Stadt erfassen, Vogelgrippe, Vollpatscher und Hirnrisse werden grassieren, der Fluchhafen Ziegelstone wird womöglich nicht in Albright-Dürer-Airport umbenannt, sondern vielmehr vom Pfeifferschen Düsenfieber heimgesucht.

Flagellanten und Geißler ziehen, sich peitschend und da, wo es juckt, sich kratzend, durch die einstige Königstraße, apokalyptische Reiter beziehungsweise deren Pferde ebnen die Stadt mit zahlreichen Rossbolln ein. Sodann werden wir von Fürth eingemeindet.

So oder so ähnlich haben es die verantwortlichen Gniedlasköbf und Würdenträger der einstigen Fußballwelthauptstadt Nürnberg in düsterer Vorahnung eines Abstiegs des Club bereits menetekelhaft geschildert. Nur Deppen wie zum Beispiel ich meinen, dass Fußball ursprungsmäßig gesehen ein Spiel ist, dass man bei ihm auch verlieren kann und dass uns gerade hier in Nürnberg Absteigen eine liebgewordene Tradition geworden ist. Und in der nächsten Saison geh mer halt wieder in unser schönes, altes Sado-Maso-Stadion zum Club. Und wenn mir Deppen dann ein paar Zuschauer weniger geworden sein sollten, dann ess mer halt pro Mann und Männin immer ein Sardinaweggla mehr, damit der Umsatz wieder stimmt. Und Tränen? Die weinen wir dann höchstens wegen der Zwiebeln im Sardinenweggla.   *(2014)*

Wir Kahlfresser

Des wern Sie jetzt wahrscheins nicht wissen – dass es sich beim Landkreis Nürnberger Land um eine sogenannte Gebietskörperschaft handelt. Wer dieses an unendlich lange Aktenschränke gemahnende Wort erfunden hat, wissen wir nicht. Womöglich der seinerzeit in die Mongolei geflüchtete Architekt des Landratsamtsgebäudes. Jedoch wissen wir, was das Wort »Gebietskörperschaft« bedeutet. Und zwar hängt es mit dem Wochenende zusammen. Samstag und Sonntag, manchmal bereits Freitagnachmittag, scheint der Landrat zu gebieten, dass wir unsere im Verlauf der Woche extrem ausgemergelten Körper in die Landschaft der Hersbrucker Schweiz und drum rum hinausschleppen, dort sämtliche noch verfügbaren Wirtshäuser überfallen und in ihnen sodann eine mittelfränkische, genauer gesagt Nürnberger Spezialität durchführen – das möglichst preiswerte Kahlfressen.

Ob in Hennerfeld oder Osternohe, ob in Ottensoos mit Kloß oder in Harddnschdaa, Vorra, Velden, Artelshofen, bis nunter nach Burgthann und nüber nach Illschwang (obacht: Opf.!), nirgends findest du am Sonntag einen halbwegs freien Platz. Wir Nürnberger Heuschreckenplage haben uns da schon längst gemäß dem Gebot des Landrats über die Gebietskörperschaft herniedergesenkt.

Bei dieser Gelegenheit muss endlich auch einmal angemerkt werden, dass wir Kahlfresser die Kleinheit über alles schätzen, auch und vor allem beim Essen und dem damit verbundenen Wochenendausflug die Bengerz aufwärts. Diese Kleinheit ist aber eher eine Oberflächlichkeit, sie gilt nur äußerlich. So misst etwa das Schdündla, eine gute Stunde, fast eineinhalb Stunden, mit »Waggerla« bezeichnen wir eine durchaus auch

198

in der Breite ziemlich ausgewachsene Frau. Ein Wäächala entpuppt sich bei genauerem Hinschauen als mittlerer Kampfpanzer mit etwa 250 PS, nächste Größe ein Römming-Omnibus. Unsere Leibspeise, das Schäuferla, wiegt netto, ohne Knochen, mindestens zwei Bfündla, bei dessen Anblick es einem außerfränkischen Menschen schon beim Hinschauen gscheit schlecht wird. Und ein Seidla Bier, inzwischen leider die kleinste Trinkeinheit, birgt in sich einen halben Liter Bier. Das Määßla, ein Liter Belustigungssaft, ist inzwischen auch in der Gebietskörperschaft Nürnberger Land fast ausgestorben. Ein Määßla – das war also früher ein Eimer voll Bier, vor dem der Berliner, Dortmunder oder Hamburger in kehlkopfringender Fassungslosigkeit sinniert und nicht genau gewusst hat: Soll er das neben ihm aufragende Schäuferla als Insel hineinschmeißen oder lieber doch in einem Zug durchschwimmen.

Zurück zu unserer Lieblingsbeschäftigung. Sie besteht, wie schon zart angedeutet, daraus, dass wir am Sonntag unser Waggerla ins Wäächala hieven und auf ein Schdündla hinausfahren in die liebliche Gebietskörperschaft, auf ein Schäuferla mit Gniedla. Vollkommen ausgehungert, mit starren, tiefergelegten Augen und unter einem an das Heulen eines Wolfsrudels erinnernden Magenknurren bflaadschen wir uns Punkt elf Uhr auf einen vor Gram und Kilogramm ächzenden Wirtshausstuhl, wo uns sodann die Bedienung drei Fragen stellt.
1. »Hom Sie reserwierd???«,
2. »Zon Drinkn???« und
3. »Sin Sie des Gnechla???«
Wir sind aber nicht das Gnechla und befehlen infolgedessen zurück: »A Schäuferla. Wenn's kanne Umständ machd, haid nu! Und a ganz glanns fei, gell!«

Wirte, die hierzulande tatsächlich ein ganz kleines Schäuferla im Angebot hätten, die könnten bei uns ganz schnell ihr Bündala packen. Dick und fett und rösch und oben mit gerade noch beißbaren Krustenbröckerla übersät muss es weit über den Tellerrand hinaus schwabbeln. Daneben die maßstabsgetreue Nachbildung der Weltkugel von Martin Behaim, die Gniedla, welche knapp bis unterm Nordpol von einer wahren Sintflut von Soß gefloated sind. Dazu lassen wir uns vier, fünf Seidla zügig durch unseren Gniedlaskubf gehen. Drei Schnäbsla runden unser Veschberla ab. Ein Schnäbsla besteht aus einem randvoll eingeschenkten Schdamberla, etwa ein Achderla.

Das Schönste am Schäuferla – es bietet kurz vor der Detonation unseres Körpers, dem allseits beliebten Bierschieß, noch eine Überraschung in Gestalt des Kellnerschdiggla, noch einmal ein Bfündla, also eineinhalb Pfund. Abschließend dann ein Nachdischla, auch Moonggdredzerla genannt, etwa ein Schdiggla Buttercremetorte in der Größe eines Hulzscheidla. Dieses wird mit einem Kännla Kaffee in den Verdauungstrakt gespült. Ein Kännla Kaffee sind drei Tassen, randvoll.

Danach laufen wir die fünf Meter zu unserem Wäächala, am Stück, ohne Rast, und fahren heimwärts. Nicht ohne unterwegs anzumerken, dass es vor einem Jahr fei noch ein Fuchzgerla billiger gewesen ist.

Am Hienberg steht dann am Rand der Autobahn ein grünes Männla, welches auch ein Schäufala in der Hand hält und winkt. Das Schäufala blinkt rot und kündet uns in Leuchtbuchstaben »Halt, Polizei«. Und auf die Anordnung des grünen Männlas »Haung'S mi amol oo!« kommt uns ein Kobberla aus. Ein Kobberla ist ein explosionsartiger, gut hörbarer Halshurrikan, ungefähr Windstärke zehn bis zwöf. Dank der Hilfe des Kobberla bläst es dem grünen Männla das Dienstkäbbla vom Gniedlaskubf. Und während der Polizeibeamte seine Kopfbedeckung 100 Meter weiter auf dem Grünstreifen sucht, kann sich unser einigermaßen alkoholfreies Waggerla gschwind hinters Steuer klemmen, und wir können weiterfahren. Und nächsten Sonntag wieder naus in die Gebietskörperschaft auf a Hochzeitssübbla, Schäuferla, Gniedla, Seidla, Moongdredzerla, Schnäbsla, Schdaddworschdschnerbfala, Broudwerschdla, fünf Schdiggla Keeskoung, Käichla. Warum man uns Haichderla »Kahlfresser« nennt, ist mir rätselhaft. *(2014)*

Das weiß jeder dahergelaufene Stadt- und Landvermesser: Fürth ist von Nürnberg ziemlich exakt null Millimeter entfernt. Und Nürnberg von Fürth auch. Auf der Karte. In nicht wenigen, vor allem Nürnberger Köpfen kommt man gern zu ganz anderen Vermessungen. Da liegt Fürth, von Nürnberg aus gesehen, wenn überhaupt im Universum, dann höchstens hinterm Mond. Und Nürnberg bildet für den eingefleischten Gustavstraßenflaneur einen aufgeblasenen Windbeutel, einen Großkopf mit viel heißer Luft als Füllung. Manchmal, vor allem bei Fußballauseinandersetzungen, möchte man es als leibhaftiger Nürnberger fast glauben müssen – und dem harten Kern unserer rotschwarzen Hohligans dringend ein Familien-Bäggla Antiidioticum empfehlen für ihre chronische Hirnhöhlenvereiterung.

Aber wurscht, ob im Fußball, im Straßenverkehr, in der U-Bahn, im Wirtshaus, im Dialekt oder im Denken – seit es die zwei Städte gibt (Fürth zum Leidwesen der Nürnberger ein paar Jahrzehnte länger), gibt es auch die schärfste Demarkationslinie, die man sich zwischen zwei zusammengewachsenen Gemeinwesen vorstellen kann: Die geheimnisumwitterte Stadtgrenze. Und die hätte sich heute vor genau 90 Jahren in Luft auflösen sollen: Am 22. Januar 1922 sind 33 485 Wahlberechtigte der insgesamt damals rund 73 000 Fürther vor den Stimmzettelkästen Schlange gestanden, um über die vom Stadtrat schon ein Jahr zuvor mit großer Mehrheit beschlossene Eigenständigkeit ihrer Stadt endgültig abzustimmen. Damals, im Gegensatz zu den fast tausendjährigen und bis heute währenden Frotzeleien, Despektierlichkeiten und feindseligen Blödheiten, aus durchaus nachvollziehbaren, wahrlich rationalen Überlegungen. Die neue Großstadt Nürnberg-Fürth hätte mit vereinter Wirtschaftskraft der auch immer wieder gern geschmähten Metropole München tapfer und womöglich sogar erfolgreich trotzen sollen.

Aber die Fürther haben ihrem stromlinienförmigen Stadtrat was gehustet. Nach wochenlangen Propagandazügen rund um die Fürther Freiheit – vornweg der Pfarrer und Stadtrat Paul Fronmüller (1864 bis 1945) und sein Heimatverein *Treu Fürth* – endete die Volksabstimmung desaströs für die Städtevereiniger: *Treu Fürth* siegte gegen Groß-Nürnberg haushoch – mit 21.684 zu 11.801 Stimmen. Und seitdem gilt das grünweiße Glaubensbekenntnis: Das Kleeblatt hoch, und Färdd bleibt Färdd!

Vermutlich gilt der Kleeblatt-Schwur bis in alle Ewigkeit, falls vorher nicht doch einmal jemand dahinterkommt, dass hier wie dort Menschen leben, und zwar ziemlich gleichartige; auf der einen Seite der Stadtgrenze manchmal ein bisschen großkobferd bis arrogant (eine Unterabteilung von doof), auf der anderen Seite manchmal ein bisschen kleinmütig und mumbflerd.

Wer da jetzt grenzüberschreitenden Befindlichkeiten auf die Spur kommen möchte, der beißt zum Beispiel beim Fürther Oberbürgermeister Thomas Jung auf Sandstein. Wie ich ihn seinerzeit beim Fürther Stadtjubiläum extrem devot, dezent, praktisch von unten nach oben und wunderbar formuliert gefragt habe »Fürth ist älter als Nürnberg, Fürth hatte viel früher einen Flughafen, die Fürther gelten als deutlich toleranter im Vergleich mit ihren Nachbarn, hier werden und wurden die Spielwaren produziert, für die Nürnberg berühmt geworden ist – warum sind wir Nürnberger auch heute noch so schlecht zu sprechen auf alles, was aus Fürth kommt?« – da hat der Jung nicht minder wunderbar formuliert, aber kurz und bündig und mit Recht geantwortet: »Da müssen Sie sich schon selber fragen.«

Ein Selbst-Interview über die seltsamste aller heurigen Jubiläumsfeiern wäre aber erstens. nicht nur ein Novum im Publikationswesen, sondern zweitens auch ein ziemlicher Krampf. Da trifft man sich dann schon lieber mit einem, der den Luxusproblemfall Nürnberg-Fürther Ein- und Zwietracht von allen Seiten kennt: Von oben und von unten, von vorn und hinten, von Westen nach Osten und jeweils umgekehrt. Günter Stössel also, Liederdichter, Bücherschreiber, Gitarren-Virtuose, Radio-Plauderer, Beherrscher zweier Dialekte und Nürnberg-Fürther Zwietracht-Forscher. In Nürnberg geboren, in Fürth aufgewachsen und zur Schule gegangen, in Nürnberg als diplomierter Maschinenbau-Ingenieur studiert, in der Nürnberger Nordstadt lebend, nicht selten beseelt von einer Sehnsucht namens Heimweh, wahrscheinlich nach Fürth. Wo er sich daheim fühlt, in Fürth oder in Nürnberg? »Des«, sagt der Stössel, »möcht ich auch gern wissen.« Vermutlich kann man zwei Heimaten haben. Und über die hat der Nürnberg-Fürther Poet (schon vor 20 Jahren, aber immer noch gültig und im Handel erhältlich) sein umfangreichstes Werk geschrieben: *Nürnberg bei Fürth. Eine städtegeschichtliche Zoff-Sammlung.*

In ihm hat er aus städtischen Archiven, aus Veröffentlichungen von Historikern, Heimatforschern und Politikern alles zusammengetragen, was es zum Spannungsverhältnis zwischen den zwei Nachbarstädten gibt. Wissenschaftler nennen so ein Spannungsverhältnis Ethnozentrismus (deutsch: Hirnverbrennungen 1. Grades), Günter Stössel sagt es so: »Ich glaube, es ist eine

Hassliebe. Mit Vernunft hat es sicherlich nix zu tun. Vernünftig – das erschließt sich aus den Stellungnahmen damaliger Stadtpolitiker aus Fürth und aus Nürnberg – vernünftig wäre damals, 1922, sicherlich ein Zusammenschluss gewesen. Aber die Fürther haben es nicht gewollt. Und den Nürnbergern war es wurscht.«

Hassliebe. Die Liebe zwischen Fürthern und Nürnbergern kommt wahrscheinlich gelegentlich vor, der Hass, wünscht sich Günter Stössel, könnte jetzt schon langsam seine Koffer packen. »Er hat seine Wurzeln in den unseligsten Zeiten beider Städte. Wie nach der letzten großen Judenvertreibung in Nürnberg 1498 sich kein einziger Jude mehr in Nürnberg aufhalten hat dürfen, und Fürth für die Ausgestoßenen ein stets offener Zufluchtsort geworden ist. Da ist der Hass auf das ›fränkische Jerusalem‹ entstanden.« Mit langer Haltbarkeitsdauer – womöglich bis ins Jahr 1940, wie Nürnbergs Nazi-OB Willy Liebel die Nachbarstadt im geheimen Handstreich schon wieder eingemeinden wollte. Ein Herr Hitler – ausgerechnet – hat Liebels Übernahmepläne verhindert.

»Dass das alles«, sagt Günter Stössel, »heute noch eine Rolle spielt im Verhältnis der Fürther und der Nürnberger, möchte man fast nicht glauben. Genauso, wie man nicht glauben möchte, dass es bei uns noch Nazis gibt.«

Wie der Grenzgänger Günter Stössel die Städtefreund- und -feindschaft zwischen Muggenhof und Espan, zwischen Bengerz und Gaggerlasquelln, zwischen Gostenhof und Fürther Südstadt, zwischen Goonsberch und Burgberg heute, zum Eingemeindungsversuchsjubiläum, einordnet? »Fürth ist und bleibt ein interessanter und liebenswerter Nachbar von Nürnberg. Und solang die aus Fürth stammenden, in Nürnberg lebenden und arbeitenden Persönlichkeiten aus Wirtschaft, Kultur und Politik nicht aus der Stadt gewiesen werden, ist ja alles in Ordnung. Das bisschen Nürnberger Frotzelei wird man auch in Zukunft ertragen können – und müssen.« Und wir Nürnberger Burgherrn das bisschen Frotzelei aus Fürth wie zum Beispiel die: »Die Närmbercher hom ja nerblouß desweeng einen Burchberch, wall mir Färdder jahrhundertelang immer affn selb'n Haufn gschissn hom.« Ertragen wir Nürnberger heutzutage ohne Weiteres. Hoch- beziehungsweise großmütig, wie wir sind.

(2012)

Die stade Zeit

In der Weihnachtsbäckerei oder Lieber nach Nuschelberg

Solltet Ihr daheim auf dem Sofa oder in der Garage unterm Auto einen Vater herumliegen haben, so freuet Euch, denn er wird jetzt dann gleich in Anlehnung an die überall epidemiehaft ausgebrochene stade Zeit in Euch eine vorweihnachtliche Romantik, eine Vorfreude sowie einige besinnliche Stunden erzeugen. Und zwar, haben wir einer Frauenzeitschrift entnommen, zählt es momentan zu den schönsten Ereignissen, wenn der erwähnte Vater wie von allen guten Geistern verlassen plötzlich zu dem Buch *Ich helf dir kochen* von Hedwig Maria Stuber greift und sich sodann anschickt, erstmals in seinem Leben einen Christstollen zu erzeugen.

Aus eigener Erfahrung kann ich berichten, dass jener Vater zunächst einmal versucht, die ziemlich tiefen Geheimnisse eines sogenannten Hefeteigs zu erschließen. Abgesehen davon, dass dieser Hefeteig gehen muss, wird der Vater vor allem von dem Kapitel »Geschmackszutaten« fasziniert sein. Es heißt dort: Sultaninen, Nüsse, Zitronen- und Orangenschale, Rum, Arrak, Vanille. Interessant also: Rum und Arrak. Mal nippt der Vater vom Rum, mal probiert er so zügig wie möglich den Arrak. In einem dem Internet entnommenen Stollenrezept ist auch von Rosinen die Rede, dann wieder von Korinthen. Von Letzteren stammt der vor allem im höheren Chefwesen geläufige Korinthenkacker ab, vergleichbar mit dem vor Weihnachten auch immer wieder einmal dringend herbeigewünschten Geldscheißer, statt Geld in unserem Fall halt Korinthen.

Aber wieder zurück zu den Sultaninen und Rosinen, sie sollen wir über Nacht in Rum und Arrak tränken. Tränken kann man aber auch tagsüber, also Rosinen und Sultaninen kauen, nunterschlucken und dann tränken. Mit jeweils 3 EL Rum und 3 EL Arrak. EL heißt wahrscheinlich »Ein Liter«. Dann 500 g Mehl, 20 g Hefeweizen, 125 g Butter, 50 g Zucker, 1 Prise Salz, ¼ l Milch. Aus den 125 g Butter soll man kleine Flöckchen bilden! Wer schon einmal dem Tiefkühlfach 125 g hartgefrorene Butter entnommen und aus ihr kleine Flöckchen gebildet hat, weiß die Tätigkeit eines Steinmetzen oder Bildhauers erst richtig zu schätzen. Einige kleine Flöckchen verzieren die Küchendecke, einige landen nach einem kühnen Sprung durch die Tür am Wohnzimmerteppich, wieder andere Butterflöckchen liegen am Küchenboden, wo sie zusammen mit dem dort verlegten Laminat eine gut gleitfähige Hetschel bilden, auf der man nicht zuletzt durch das Tränken mit den 2 Litern Rum-Arrak-Gemisch ausrutscht.

Sobald man nach dem dreifachen Salto wieder erwacht, muss man laut Frau Hedwig Maria Stuber in einem gesiebten Mehl eine Grube bilden, eine Hefe hineinbröckeln, Zucker und Milch dazugeben und es gut durchrühren. Jetzt sollte der Hefeteig gehen, aber er geht nicht ums Verrecken von den Händen, Armen und von den Hemdsärmeln weg, auch nicht, wenn es draußen läutet. Immerhin ist man dann von einem großen Teil des Hefeteigs befreit, er hängt teils am Türöffnerschalter, teils am Kugelschreiber des Paketpostboten, der gerade geläutet hat, um ein für den Nachbarn bestimmtes Weihnachtspäckchen abzugeben. Insgesamt muss der Hefeteig dreimal gehen, wobei die am Kugelschreiber und am Türöffner hängenden Teigteile wahrscheinlich nicht wissen, dass sie nach dem Gehen wieder kommen sollen. Wie man aus dem verbliebenen Bätzlein Hefeteig anschließend längliche Stollen formen soll, weiß kein Mensch. Sollte es jemandem dennoch gelingen, schiebt er sie bei 175 bis 190 Grad in eine sogenannte Backröhre. Es ist aber keine Backröhre da, sondern nur eine Mikrowelle und kurz danach die Ehefrau. Ihr fachmännisches Urteil: Zehn Jahre Stollenbackverbot ohne Bewährung, ohne Rum, ohne Arrak.

Und jetzt zur wahren Vorweihnachtsromantik: Pfeifen Sie auf die Ratschläge jener Frauenzeitschrift, rufen stattdessen die Frau Gottschalk in Nuschelberg an (09123/82726) und nuscheln ins Telefon hinein, dass Sie morgen oder übermorgen bitte fünf Christstollen abholen möchten. Nuschelberg erreicht man über Lauf, Günthersbühl, dann einen steilen Berg nauf, am *Gasthaus Hallerschloss* vorbei, links in den Hof dahinter. Wenn Sie dann die leicht knarzende Tür öffnen, duftet es wahrhaft weihnachtlich. Denn die Gottschalks backen nicht nur das berühmte Nuschelberger Brot, sondern auch die besten Christstollen der Welt. Jedenfalls meiner Welt.   *(2013)*

Zipfelmützengipfel

Der bekannte und mehrfach gezeichnete Nürnberger Historiker Paul Preller hat jetzt im Rahmen seiner Glühweinausgrabungen auf dem Augustinerhofgelände herausgefunden, dass es zwischen den Jahren 0 und 1948 weltweit nur zwei Griskindla gegeben hat: Sofie Keeser und Jesus Christus. Und somit waren der Forschung fast 2000 Jahre lang auch nur die zwei Christkindleinsmärkte Nürnberg und Nazareth bekannt. Eine Notsituation also, eine Finanzkrise, rabenschwarze Jahrtausende furchtbarsten Ausmaßes, für die heutige Menschheit unvorstellbar. Gerade zu einer Zeit, zu welcher in jedem Menschen die sogenannte Stille um sich greift sowie die Sehnsucht nach Wärme, Geborgenheit und einigen Eimern Glühwein, wo wir uns ferner der Besinnlichkeit hingeben möchten, alten Traditionen, Kerzenlichtlein, Plätzchenduft, Hauden-Lukas-Evangelium und so weiter – gerade da braucht der Mehrbereichsromantiker der nördlichen Bethlehemisphäre Christkindleinsmärkte in Hülle und Fülle, in Stadt und Land, auf Halligen und Hochgebirgen, rund um die Uhr, rund um den Globus.

Und da ist die Lage heute gottseidank wesentlich zufriedenstellender als etwa im Jahre 0 oder 1948. Denn immerhin können die himmlischen Verheerscharen des Jahres 2008 allein rund um die Weltweihnachtshauptstadt Nürnberg auf circa 350 Christkindleins- und Weihnachtsmärkte zurückgreifen. Brüh- und Glühweinabfüllanlagen sind es an die 700, Senfspritzereien, Lebkoungwurfbuden und Bratwurstaufbläsereien dürften heuer die Zahl 3000 im hiesigen Heiligen Land deutlich übersteigen.

Wesentlich wichtiger für die Erreichung eines Mindestmaßes an Besinnlichkeit ist aber das globale Moment.

Und auch da kann die Schlichtungskommission der omnibusfahrenden und fliegenden Christenheit schwarze Zahlen vorweisen. Blinklichtzipfelmützenpflicht herrscht ab heute Abend 18 Uhr nicht nur in Nürnberg, Groß- und Kleinschwarzenlohe, Heroldsberg, Kalchreuth, Buchenbühl, Wolkersdorf, Speibach etc., sondern etwa auch in Vaduz, Winsen an der Luhe, Mönchengladbach, Oberhausen, Zschopau, Montreux, Zingst, Potsdam, Pyrbaum, Chicago, Brixen, Basel, Straubing, Er-Barmen, Attnang-Puchheim, Manhattan, Rührsdorf an der Rühr und Dortmund – um nur einige ganz wenige christkind- leins- und weihnachtsmarktveranstaltende Ortschaften zu nennen.

Einer Erhebung des 1. Muggenhofer Christkindles- marktforschungsinstitutes zufolge stößt man ab heute in Deutschland auf Besinnlichkeit, Wärme, Geborgenheit, Plätzchenduft und gewaltige Glühweinpreller in 30 000 Städten, Marktgemeinden, Dörfern, Weilern und Ein- bis Zweiöden. Ab drei Einwohnern kann jedes Gemein- wesen einen eigenen Christkindleins-Event veranstalten.

So verwundert es natürlich nicht, dass heute zum Bei- spiel bei uns zahlreiche Japaner und Chinesen, Holländer und Shetländer, Ukrainer und Aleuten auf der Suche nach Besinnlichkeit, Wärme, Geborgenheit und Plätzchenduft dreistöckig die Gässlein säumen. Denn gleichzeitig düsen wir Nürnberger zu den vielleicht Millionen anderen Stät- ten der Besinnlichkeit nach Uppsala, Nischni Nowgorod, Taschkent, Kazakistan oder zur Grippenausstellung nach Hongkong. Wenn es hier in Nürnberg heißt »Oozabfd is«, fließt auch schon in Houston der besinnungshaltige Glühwein, auf den Falkland-Inseln, den Kleinen Hebri- den, blinken in Grönland die Zipfelmützen als Leucht- feuer für die weihnachtlichen Pilgerflieger.

Nach vorsichtigen Schätzungen dürften von heute an vier Wochen lang 3,5 Milliarden Menschen zum Glühwein-Stützungssaufen zu Lande, zu Wasser und in der Luft unterwegs sein. Mit einem Pro-Topf-Verbrauch, der ihre Suche nach weihnachtlicher Klimaerwärmung todsicher zu einem erfolgreichen Ende bringt. Sagt auch der Seehofer.

Was die 1948 urkundlich erstmals erwähnte Sofie Keeser und der aus dem Jahre 0 stammende Jesus dazu sagen würden, weiß man nicht. Aber man kann es sich denken, falls jemand während der Weihnachtsunruhen überhaupt Zeit zum Denken hat.   *(2002)*

Heilige Tage

Höchstwahrscheinlich lauern Sie auch gerade in einem der zahlreichen Koffischobbs, lassen sich von Ihrem börsonäl Barrista gschwind einen Cranberry White Mocha Frappucino, eventuell ice-flavored, zammmandschn oder drei original katzngschissne Böhnchen freshly aufrösten und verspeisen dazu in der gebotenen weihnachtlichen Stadheit acht bis zehn frisch gekaute Fingernägel – vor lauter Zusammenbruch Ihres vegetativen wie auch notorisch motorischen Nervensystems, weil sie traditionell noch lange nicht alle Weihnachtsgschenkla beinander haben. Auf exakte Zahlenangaben heruntergerechnet: Auf der Habenseite Ihrer Geschenkeinkaufsliste befinden sich genau 0 (in Worten: null) Präsente für unter den Grisbaum, welchen Sie auch noch eines Tages oder Nachts im Bannwald besorgen müssen.

Aber siehe da, wir können Ihnen in diesem Fall große Freude verkündigen in Verbindung mit einem schönen Gruß vom Nerzengel Gabriel, wie es schon im Hau-den-Lukas-Evangelium ganz richtig heißt, weil – wir haben in den letzten Tagen in weiser Voraussicht noch einige andere Evangelien gelesen, also halt die zu- und einschlägigen Journale, und können Ihnen in den nun folgenden ca. 150 Druckzeilen auch im Namen des Griskindleins wunderbare Geschenktipps mitteilen.

Kaufen, dass der Schließmuskel von Ihrem Geldscheißer kracht, ist jetzt in diesen nicht nur staden, sondern auch verhältnismäßig heiligen Tagen Christenpflicht. Und da hätten wir zum Beispiel als Erstes einen an sich zunächst gänzlich stinknormal anmutenden Aschenbecher von *Hermés*, an dem jedoch was Bemerkenswertes dranpicht, nämlich das Preisbläbbala, auf welchem die

Zahl 475 in erhabener Kalligraphie eingestanzt ist. Die Zahl 475 will uns die weihnachtliche Freudenbotschaft verkündigen, die da lautet: »Ich Scheißdregg von einem Aschenbecher koste fei bloß 475 Euro.« Bei dem Wort »Scheißdregg« handelt es sich in diesem Fall natürlich um eine schonungslose Untertreibung, denn der Scherben bildet einen Porzellan-Designer-Aschenbecher aus einem gewissen Limoges mit dem Design »Armenische Gärten«. Da erübrigt sich natürlich die Frage, wer von Ihren Lieben nicht einmal für nur 475 Euro seine Kippe in armenischen Gärten ausdrücken möchte. Alle, auch die manischen Nichtraucher! Aber obacht – wenn der frischgebackene armenische Gärtner sein Weihnachtsgeschenk vor lauter Freude aus Versehen an die Wand prellt, sind knapp 500 Euro (früher 1 000 D-Mark) im Arsch.

Von längerer Dauer scheinen uns drei weitere sehr schöne Präsente, die wir in einem matt glänzenden Geschenkeheftlein für Sie entdeckt haben: Vergoldete Pumps von der oder dem weltberühmten Pumps-Vergolder MinMin zu 395 Euro, ein Kleid in Apricot mit einseitiger Raffung in der Taille des nicht minder weltberühmten Berliner Labels *Liebig* zu 339 Euro (allein schon, dass der Liebig »Label« mit Vornamen heißt und in der Taille über eine einseitige Raffung verfügt, wird bei der Bescherung große Freude erzeugen), und dann noch eines unserer Lieblingsstücke, nämlich der silberne Designerhocker von Oskar Zieta zu 475 Euro. Wer der Oskar Zieta im Einzelnen ist, entzieht sich momentan unserer Kenntnis, nur so viel zu dem ebenfalls ziemlich labelhaften Hockerversilberer: Sollte er jemals eigenärschig auf seinem Silberhocker für längere Zeit gehockt haben, muss er – von der Bauweise der Sitzfläche her gesehen – nunmehr über einen zitronenartig geformten Hintern verfügen. Aber sauer macht lustig, und 475 Euro für eine Schönheitsoperation am Gesäß sind ja fast geschenkt.

Dann können wir noch wärmstens beziehungsweise kältestens was für die Füße empfehlen, falls jemand altchinesische Klumpfüße sein Eigen nennt: Die Sneakers von *Tod's* mit Gummisohle zu sage und schreibe nur 335 Euro. Schuhe, welche ein Label namens *Tod's* auf der Gummisohle haben, sind, wie es der formvollendete Konsum-Heuchtel nennt, ein Must-have. Nicht zu verwechseln mit dem Must-Darm. Weitere sehr schöne Geschenktipps dürfen wir einem ziemlich publikativen Organ entnehmen, welches im allgemeinen Designerwesen derartig auf der Höhe ist, dass sein Blick gar nicht mehr bis ganz auf uns verhältnismäßig unstylishe Erdenbewohner herunterreicht. Von dorten also möchten wir Ihnen dringend etwa die Schneeballzange des legendären Schneeballzangenherstellers *infactory* ans Herz legen. Wie der Name »Schneeballzange« schon zart andeutet, kann man mit ihr Schneeballn beziehungsweise einen Schnee mit der Zange ergreifen und ihn, den Schnee, sodann zu einem Schneeballn formen. Die früher zum Schneeballnformen verwendeten Hände kann man aber ohne Weiteres am Arm dranlassen, man benützt sie seit der epochalen Erfindung der Schneeballzange halt zum Betätigen derselben. Falls heuer wieder kein Schnee fällt und an Weihnachten das Frühjahr mit seinen mannigfachen Arbeiten im Gmüsgärtla anhebt, können Sie mittels der Schneeballzange auch unachtsam breitgetretene Exkrementhäuflein auf dem Gehsteig zu Rossbolln formen behufs Düngung Ihrer Rettichplantage.

Und zum Schluss noch ein wirklich empfehlenswertes Geschenk aus unserer ganz persönlichen

Weihnachtsgaben-Prioritätenliste, und dort unangefochten die Number One: Einige hauchzarte Plastikmüllsäcke des städtischen Unternehmens SÖR (Servicebetriebe Überflüssiger Ramsch). In diese Säcke allen oben aufgeführten Schutt rechtzeitig vor dem Fest neigwedschn und vor die Tür stellen. Da holt es dann das Christkind ab und bringt es dorthin, wo es hingehört, in die Schweinauer Müllverbrennung. Und gschwind noch eine wirklich allerallerletzte Empfehlung, und zwar jene vom altfränkischen Volksmund herrührende, in poetische Zeilen gefasste Referenz, die da ziemlich laut lautet: »Der Gabentisch ist öd und leer, die Kinder blicken blöd umher. Da lässt der Vater einen krachen, die Kinder fangen an zu lachen. So kann man auch mit kleinen Sachen den Kindern eine Freude machen.« Fröhliche Weihnachten! *(2015)*

Das Schönste auf der Welt

Das Nürnberger Allerheiligste, den Christkindlesmarkt, darf man ja gemäß einem Erlass der hiesigen Schönfärberinnung weder in Wort, Schrift, Bild verunglimpfen noch sich ihm durch Flucht entziehen. Infame Beschuldigungen wie etwa, dass sich hier täglich von ortsansässigen Hörgeräteunternehmen gesponserte Posaunen- und Gospelchöre der vorsätzlichen Ohren- und Klangkörperverletzung schuldig machen, dass Millionen von Menschen in einigen Nürnberger Gässlein und Gaststättlein nur noch in Bodenhaltung vor- beziehungsweise vorwärtskommen oder dass die traditionellen Zwetschgermännla von einer Schlichtungskommission in Zerquetschgermännla umbenannt worden sind, werden heuer erstmals mit vier Wochen Isolationshaft bestraft. Also praktisch Adventsreha nach einem Christkindlesmarktbesuch. Letztere Empfehlung fällt aber ebenfalls unter das neue Christkindlesmarktverunglimpfungsverbot. Deswegen jetzt lieber ein vollkommen wahrheitsgemäßer Besinnungsaufsatz über einen sehr schönen Besuch des Nürnberger Christkindlesmarktes:

»Draußen ist es gottserbärmlich kalt, in unseren Zehenspitzen auch, und die halbgefrorenen Finger bitzeln, dass es einem fast schlecht wird. Aber in uns drin herrscht eine wohlige Wärme. Weil, die Ziegelsteiner Oma hat uns fest versprochen, dass sie heute Abend für uns viel Zeit hat und mit uns in die Stadt geht auf den Christkindlesmarkt. (Anmerkung zu »Zeit«: Zeit ist eine Erscheinung, welche beim Nichtauftreten von sogenannten Terminen sehr gemächlich vergehen kann. Manchmal ist die Zeit ganz kurz, manchmal ganz lang. Schön ist, wenn man sie hat.) Die Ziegelsteiner Oma hat uns versprochen, dass wir vielleicht einen Zwetschger-moo kriegen, eine Bratwurst und einen Blechfrosch zum Aufziehen, was uns wie ein unermesslicher Reichtum vorkommt. (Anmerkung zu »Reichtum«: Reichtum kann sein – ein geheimes Bankkonto in Liechtenstein oder aber ein gottseidank nicht geheimer Zwetschgermoo, eine Bratwurst, ein Blechfrosch zum Aufziehen).

Dann sind wir erst durch den Schnee in der Ziegel-steiner Hauptstraße bis zur Endhaltestelle gestapft, die Ziegelsteiner Oma, welche sehr klein ist, hat aus dem Schnee fast nicht mehr herausgeschaut. (Anmerkung zu »Schnee«: Ein Schnee ist im Dezember immer vom Him-mel herabgefallen, in kleinen weißen Flocken. Unter den Schuhsohlen hat er geknirscht.) Mit der Aanerzwanzger sind wir bis zum Hauptbahnhof gefahren. (Anmerkung zu »Aanerzwanzger«: Die Aanerzwanzger ist ein öffentli-ches Verkehrsmittel, das fast nichts gekostet hat. In dem Fall die Linie 21, aus der man während der ganzen Fahrt hinausschauen hat können. In ihr drin waren einige Fahrgäste, ein Straßenbahnfahrer und ein Straßenbahn-schaffner.) Dann sind wir zu Fuß vom Hauptbahnhof in Richtung Lorenzkirche gegangen, und die Vorfreude hat sich in uns ausgebreitet und ist aufgegangen wie ein Hef-fergniedla. (Anmerkung zu »Vorfreude«: Die Vorfreude ist eine Freude auf etwas bevorstehendes Schönes, wie zum Beispiel auf einen Zwetschgermoo, eine Bratwurst, einen aufziehbaren Blechfrosch.) Auf dem Weg zum Christkindlesmarkt hat es wieder ein bisschen geschneit (»Schnee«: siehe oben), und wie es uns vor lauter Vor-freude fast zerrissen hätt, sind wir endlich da gewesen. An der Krippe haben wir das Christkind persönlich gesehen, und es war dort fast ganz still. (Stille: Die Stille ist was Lautloses, für die Ohren sehr Angenehmes. Manchmal hört man in der Stille die Ewigkeit oder gar den Frieden.) Auf dem Christkindlesmarkt sind kleine Holzhäuser gestanden und in den kleinen Holzhäusern ist unsere ganze kleine Welt ausgestellt gewesen – Äpfel, Nüsse, Rauschgoldengel, Christbaumkugeln, Zuckerwatte, türkischer Honig. (Klein: Ist das Gegenteil von »großkotzig«.) Und dann ist aus unserer Vorfreude wirklich die größte Nachfreude überhaupt gekommen, in Gestalt von einem Zwetschgermoo, einer Bratwurst, einem Blechfrosch zum Aufziehen. Für alles zusammen hat die Ziegelsteiner Oma aber viel Geld ausgegeben, 75 Pfennig. Aber es war die Freude wert, hat sie gesagt, wie wir mit der Aanerzwanzger wieder heimgefahren sind. Der Nürnberger Christkindlesmarkt ist das Schönste, was es auf der Welt gibt.«

Diese wahrhafte Lobpreisung des Nürnberger Christkindlesmarktes stammt aus dem Jahr 1950. Wir hoffen, dass wir damit nicht gegen das Christkindlesmarktverunglimpfungsverbot verstoßen haben, es waren ja bloß alte Erinnerungen, ganz in Gedanken. (»Gedanken«: Unsichtbar und frei.)   *(2009)*

Kommt jetzt das Ganzjahres-Griskindla?

Jetzt wern Sie wahrscheins wieder eine Bildungslücke in sich bergen, indem Sie nicht wissen, um wen es sich bei Herrn Dirk von Vopelius handelt. Er, der von Vopelius, ist aber von Bedeutung, da er erstens der Nürnberger Industrie- und Dunkelkammer als Präsident vorsteht, zweitens sich kraft seines Amtes Tag und Nacht gravierende Gedanken über den in letzter Zeit scheint's etwas stockenden Fortschritt unseres Städtchens macht und drittens im Zuge dieser Gedanken wieder einmal auf eine sehr gute, um nicht zu sagen sensationelle Idee gestoßen ist. Nämlich bedarf der Nürnberger Glühweinmarkt – von Kennern der Jesus Merchandising AG auch »Griskindlasmarkt« genannt – trotz seiner weltweiten Berühmtheit dringend einer Geschäftsaufbesserung.

Und jetzt die Idee im Detail: Das Nürnberger Christkind, ein junger, alle zwei Jahre zu wählender Jesus weiblichen Geschlechts, soll den von ihm behüteten Markt nicht nur am Eröffnungsabend eröffnen, sondern mehrfach. Jeden Abend, etwa gegen 17 Uhr, so der blaublütige Griskindlasmarkt-Reformer Vopelius, möge das Christkind auf die Empore der Frauenkirche naufgrabbln, seine Tabletten gegen Flugangst einnehmen, Sicherheitsgurt anlegen und die uns allen ziemlich geläufigen, einst von Friedrich Bröger ersonnenen Worte sprechen: »Ihr Herrn und Frau'n, die Ihr einst Kinder ward, Ihr Kleinen am Beginn der Lebensfahrt« und so weiter.

Der Hintersinn der dann insgesamt 27 Griskindlasmarkteröffnungen pro Saison ist klar: Je mehr Eröffnungen, desto mehr Andrang zahlungsfreudiger Besucher. Bei insgesamt 27 Eröffnungen werden vermutlich nicht nur jene sorgfältig gezählten zwei Millionen Besucher

jährlich das Städtlein aus Tuch und aus Holz heimsuchen, nicht nur vorsichtig geschätzte fünf Trilliarden
Hektoliter Glühwein die jeweiligen Hälse durchströmen, sondern wesentlich mehr. Anlässlich dieser, wie
schon erwähnt sensationellen Idee verwundert allenfalls,
dass nicht schon früher jemand draufgekommen ist.
Schließlich gebieten ja schon die Gesetze der Niederen
Mathematik, also das spätestens im 3. Grundschuljahr
eingetrichterte Multiplizieren: Je öfter man was Schönes
durchführt, desto besser.

Das soll sich das Nürnberger Christkind nunmehr
gefälligst auch hinter die Flügel schreiben. Und nicht nur
das Christkind. Wie wir Herrn Vopelius, den Sachwalter
der Vervielfachung kennen, wird er schon in Bälde die
Gedanken – und solche sind es höchstwahrscheinlich –
die Gedanken seiner Multiplikationstheorie weiterent-
wickeln. Das ebenfalls an der Frauenkirche und bislang
nur um zwölf Uhr stattfindende Männleinlaufen soll
mindestens allstündlich die Betrachter aus Nah und Fern
anlocken; die ebenfalls die Massen elektrisierenden Fuß-
ballspiele des 1. FC Nürnberg im Grantig-Stadion werden nicht nur alle zwei Wochen durchgeführt, sondern
zweimal täglich; und, um bei der staden Zeit zu bleiben, welche jetzt dann bald unser momentan noch sehr
multiplikationsarmes Städtlein durchdröhnt, was spricht
dagegen, nicht auch den dann 27 Mal feierlich eröffneten
Griskindlasmarkt zeitlich ein bisschen zu vervielfachen?
Denn mit Hilfe der Divisionsrechnung (365 Tage im
Jahr geteilt durch 27 Grinskistleinsmarkttage) ergäbe
nach Adam Riese und Dirk von Vopelius: Wir könnten
insgesamt 13,51 Christkindleinsmärkte pro Jahr veranstalten. Nähme man die Nächte hinzu, die derzeit noch
verhältnismäßig ungenutzt den Hauptmarkt verdunkeln,

hätten wir sogar 27,02 Weihnachtsmärkte; ergäbe also 54,04 Millionen Besucher mit einer Kauf- und Saufkraft, dass es den Herrn im Himmel heute noch erzürnt, sich die Sache in Bethlehem seinerzeit nicht patentrechtlich absichern haben zu lassen. Ähnlich wütende Gedanken werden auch einen früheren Nürnberger Stadtrat, seit fast 15 Jahren ebenfalls im Himmel weilend, durchfluten. Nämlich den von mir ob seiner guten Einfälle stets geschätzten, auch Altstadt-Bürgermeister genannten Horst Volk.

Denn eigentlich geht die Idee der perpetuum-mobile-artigen Christkindlesmarkteröffnung von ihm aus. In einer mehr oder weniger stillen, durchaus glühwein-haltigen Stunde hat er mir Folgendes anvertraut: Er wünsche sich nach seinem Ableben ein auf einem Floß montiertes Denkmal, welches in der Pegnitz mittels einer kilometerlangen Kette zunächst mit der Strömung bis zur Maxbrücke dahingleite, wieder stromaufwärts gezogen werde, wieder hinabschwimme und so weiter. Und die Flaneure entlang der Bengerz müssten sich, auf ihre Uhren blickend, zuraunen: »Wardd nu fünf Minuddn, nou kummder widder, der Volk.« Man könne also nach dem Volk, ähnlich wie nach dem immer wieder seinen Markt eröffnenden Christkind, ohne Weiteres seine Uhr stellen. Einziger Unterschied zwischen den beiden im Planungsstadium befindlichen Hörens- bzw. Sehenswürdigkeiten: Der Horst Volk hat sein Projekt damals, wie schon angedeutet, im Zustand einer relativen Unnüchternheit vorgetragen. Wie es jetzt beim von Vopelius war, weiß ich nicht. *(2015)*

Am original Nuremberger X-mas Market, von einigen antiken Greisen und -innen auch »Griskindlasmarkt« genannt, herrscht da und dort eine noch unbestimmte Ratlosigkeit, indem jene Glühwein-Immissionszentrale, die – was die von der hiesigen Touristik-Organisation immer wieder einmal propagierte Romantik betrifft – gewisse Defizite aufweist. Zum Beispiel is derzeit fast jeder dreaming of a white Grismäs, aber so sehr und so sehnsüchtig er nauf in den Himmel glotzt – es fällt kein Schnee runter. Höchstens manchmal ein Industriestaub oder ein paar vom Südwind verwehte Saharasandkörnchen. Und es melden aufgebrachte Meteorologen von unserem Städtlein aus Tuch und aus Holz, dass sich in ihm, dem Weihnachtsmarkt, durchaus Temperaturmessungen von bis zu 16 Grad ermitteln lassen. Und zwar über null. Innerhalb kleiner, 30 000-köpfiger Besuchergruppen sogar fast 20 Grad.

Zur Bekämpfung der Dezemberhitze verlangen Glühweintrinker bereits Eiswürfel zur Dämpfung ihrer Brandblasen, kleiden sich in Bermuda-Shorts und Feinripp-Leibchen und suchen vorzugsweise immer häufiger Buden auf, in denen neben Zwetschgermännla und Krippenfiguren und Streusalz auch Sonnenschutzsalben, Strohhüte und Softeis offeriert werden. Hinweise, dass das ursprüngliche Christkind seinerzeit in Nazareth ja auch bei verhältnismäßig hohen Temperaturen auf die Welt gekommen sein soll, vermögen die aufgewühlten Christkindlesmarkt-Besucher nur notdürftig oder überhaupt nicht zu beruhigen.

Da nun aber auch das restliche Nürnberg inzwischen an der Erderwärmung teilnimmt, sollen vom ersten

Weihnachtsfeiertag an nicht nur die Biergärtlein wieder aufmachen, sondern auch die Freibäder. Ob sich dadurch die Erderwärmung reduzieren lässt, wie von den Weltklimazipfeln in Paris neulich gefordert, ist wissenschaftlich noch nicht ganz geklärt. Aber Hauptsache, es macht Spaß.

Und es ist doch fraglos auch sehr schön zu beobachten, wie jetzt Vergissmeinnicht, Osterglocken und Waldmeister zu blühen beginnen, Rosenknospen dem Lichte und ebenfalls der Wiedereröffnung zustreben, oder wie die schon vor vielen Wochen in den Süden abflatternden Zugvögel auf der Höhe Lissabon-Neapel-Athen freudig wieder abdrehen und heimkehren. Trotz der drohenden Aufhebung des Schengen-Abkommens. Vogelflug-Forscher haben dabei entdeckt, dass sich unsere gefiederten Freunde einer neuen Fortbewegungsart zuwenden: Sie werden durch die von uns und unserem siebten Sinn für Fortschritt erzeugten Treibhausgase ohne Weiteres in der erforderlichen Flughöhe gehalten, und Geschwindigkeit nehmen sie auf, indem sie beim Anblick von Menschen unablässig ihr Köpfchen schütteln. Womöglich, so wird von der Wissenschaft vermutet, möchten sie durch dieses Köpfchenschütteln ihrer Überzeugung Ausdruck verleihen, dass sie uns Menschen nicht, wie von uns angenommen, für die Krone der Schöpfung halten, sondern eher für die Krone der Schröpfung. Oder der Selbst-Schröpfung. Wahrscheinlich sind sie, die maßlos brunsdummen Vögel, auch der Meinung, wir sägten seit geraumer Zeit und sehr erfolgreich an jenem Zwetschgerbaumast, der jetzt an Weihnachten und durchaus im Freien bald zu blühen beginnt. So viel Blödheit schreit jedoch zum Himmel! Gemeint ist: Blödheit der Vögel. Denn seit jenem erwähnten Klimarettungskonvent zu

Paris, zu dem die Welterlöser in Scharen samt ihren Dienstpanzern im Gefolge extra eingedüst sind, ist ja ausdrücklich beschlossen worden, dass wir an dem Zwetschgerbaumast getrost weitersägen sollen, aber natürlich mit wesentlich kleineren Sägen. Und vor allem nicht so schnell wie bisher. Und bis dann in 20, 30 oder 50 oder 500 Jahren die Erderwärmung nur noch knapp zwei Grad pro Jahr zunimmt und wir aufatmen können, indem eines unserer Einatmungsorgane, nämlich die Nase, grad noch aus dem polaren Schmelzwasser einige Millimeter weit rausspitzt, bis dahin können wir es ja ungefähr so regeln wie die klima- und gramgebeugten Kalifornier. Die haben sich anlässlich einer kleinen Heißluftperiode neulich ihre bräunlich verdorrten Wiesen einfach grün angestrichen.

Blöd simmer also wirklich nedd, wir Menschen, oder? Und wir in Nürnberg selbstverständlich auch nicht. In Anlehnung an die alpenländischen Schneekanonen und vor allem an die zahlreichen künstlich gefrosteten Skihallen allerorten stülpen wir vielleicht schon nächstes Jahr über unseren nicht nur klimatisch verwüsteten Christkindleinsmarkt eine große Käseglocke und erzeugen in ihr mittels der Energie aus Kohle, Gas oder gern auch Zwetschgerkernkraft eine weiße Vorweihnacht, dass es nur so knirscht. Eine etwaig dabei entstehende heiße Luft gibt es dann nur noch am Stadtrand oder auf den wo auch immer stattfindenden Klimagipfeln. Ich wünsche von Herzen eine sehr schöne und vor allem weise Weihnacht. Das Wort »weise« ist in dem Fall kein Druckfehler.

(2015)

Mei Weld in am Gedichd

Rot und Weiß

Die Hudzlbirnbaim im Burchgroom bläiha
Hindern Schnebbergärddla bfeifds in die Schleha
Zwaa Schboozn raffn ummer Gnerzla Broud
Und der Flieder is weiß, und der Mond is roud

Roud und Weiß
Weiß und Roud
Es ganze Leem hosd ner a Gscheiß
Und amend bisd aa blouß doud

Die Hudzlbirn im Burchgroom sin reif
Der Sandschdaadurm schdäihd dou, schduugschdeif
Drund im Groom riird si nix, dou is leis
Der Wein werd roud und die Daum scheißn weiß

Roud und Weiß
Weiß und Roud
Es ganze Leem hosd ner a Gscheiß
Und amend bisd aa blouß doud

Die Hudzlbirn im Groom sin schdaahardd
Der Schnee hodd blouß affn Nordwind gwardd
A Schlurcher lichd in der Niischn drin, doud
Die Dächer sin weiß und die Fußschbuurn sin roud

Roud und Weiß
Weiß und Roud
Es ganze Leem hosd ner a Gscheiß
Ein feste Burg is unser Gott

Die Vorstadt

Die Vuurschdadd lichd am Schderbebedd
Des is a schneeweiß Reißbredd
Dou reißd der Herr Archideggd
Alles ei, und nou is gfreggd

In der Vuurschdadd hommer Fensder neigschmissn
In Nachber sein Gärddla in die Kürbis gschissn
In Vadder drei Schobbn Bier g'hulld
Und am Hammweech aweng droo rumzulld

In der Vuurschdadd, dou woor mer Indiooner
A alde Underhuusn als Foohner
Bis Gleißhammer woor bloß Brärie
Gschossn hommer mit Läbberie

In der Vuurschdadd hommer die Dunnerschdooch
Saublousn zammdriggd middern Drimmer Schlooch
Der Großmudder in der Milchkanner Medzlsubbn brachd
Dunnerschdooch homs im Volksgarddn gschlachd

In der Vuurschdadd dou hommer Hollerkiichala gschbodzd
Im Bengerzbood in die Kabiner neiglodzd
Und bam Foußballn geecher däi vom Block
Dou woor a jeder der Morlock

Unser Vuurschdadd lichd am Schderbebedd
Des is a schneeweiß Reißbredd
Dou reißd der Herr Archideggd
Alles ei, und nou is gfreggd

Eff Zee Enn

Erschder Eff Zee Enn
Iich bin vo dir a Fän
Die Noosn bloud
Schäi schwarz und roud

Däi vom Ha Ess Vau
Däi schloong mer gräi und blau
Däi vom Vau Eff Bee
Däi hau mer aff die Zäh
Die Münchner Bayern
Gnall mer naaf, dass reihern
Däi vom Eff Zee Köln
Däi gräing Drimmer Schelln
Geecher die Borussia
Schmeißn mir mid Bflasderschdaa
Und oozind werd
der Ronhof in Färdd

Badsch, Bumm, Beng
Edzer kummd der Refreng:
Erschder Eff Zee Enn
Iich bin vo dir a Fän
Im Kubf schäi hohl und bläid
Dass nimmer bläider gäihd

Mei Windräädla

Ich bin widder a glanns Kind
Und mei Windräädla dreed si ganz gschwind
Roud, Weiß und Blau middn Wind
Nou hobbi amol ganz genau gschaud
Wäi issn suu a Windräädla
Roud, Weiß und Blau eingli baud
Die Noodln rauszuung
Alle Eggn aafbuung
Edzer wass i, wäis gäihd
Roud, Weiß und Blau,
Obber mei Windräädla schdäihd

Aschermittwoch

Es Gfriis weiß und gräi
Nix mehr im Boddmonee
An Drimmer Hedscher
Ausn Hals dambfd der Zwedschger
Am Nachdkäsdla Kubfwehdableddn
Gwalm über die Ehebeddn
Oh Schmerz, oh Elend, oh Leid
Edzer kummd die Bockbierzeit

Abendlied

Wenn der Nachdgieger durch sei Zoohluggn bfeifd
Wenn hindern Holler der Doudnvuugl schreid
Und die Sunner verschwind
Nou greind mei Kind
Nou zäichds mein Glann
Vuur Angsd es Herz zamm
Wenn der Windbaidl am Fensderloodn zerrd
Und die Himmlhex in Schornschdaa neiblärrd
Nou driggd mei Bou
Vuur lauder Noud
Seine Aichla fesd zou
Und im Nebelmondlichd
Schdreichl i sei glanns Gsichd

Sommer

Wenn die Schweißberln iiber die Noosn grabbln
Und die Muggn im Schbinnernedz zabbln
Und die Däduus vo die Maadler schwabbln
Und die Hummln brummer
Nou is Summer

Herbst

Im Herbsd
Dou schderbsd
Immer aweng
Suu genger die Gäng

Urlaub daheim

Haier mach mer Urlaub
Urlaub aff der Autobahn
Braugsd nerblouß nach Höchschdadd
Höchschdadd-Nord nausfoohrn
Martinshorn und Schdauberooder
Am Kühlergrill der Heringsbrooder
Es Blaulichd schdäihd am Firmamend
Vuur uns a Mazeedes brennd
Hinder uns aa
Nu värzza Dooch bis Zieglschdaa

Wetterbericht

Hans, bleib dou
Mer wass ja nedd, wäis Weeder werd
Hans bleib dou
Mer wass ja nedd, wäis werd
Es kennd reegner odder schneier
Odder aa die Sunner scheier
Hans, bleib dou
Mer wass ja nedd wäis werd

Hans, hau ab
Mer wass ja, wäi es Weeder werd,
Hans, hau ab
Mer wass ja, wäis edz werd
Geigerzähler, Immission
Schdiggoxide und Ozon
Hans, hau ab
Mer wass ja edz, wäis werd

Ein Weihnachtsgedicht
oder: Patrona Franconiae

Fliech, Griskindla, fliech
In Syrien is Griech
Mir, mir sin in Lebkoung-Land
Lebkoung-Land is xund banand
Wall ba uns dou wern Badroner gmachd
Badroner, dass die Schwarddn grachd
Fliech, Badroner, fliech
In Syrien is Griech

Silvester

A Lufdheuler in die Läädschn gfluung
A Schambanjerbfrobfn affs Auch gnalld
A Kanonerschlooch undern Oorsch exblodierd
A Schdeichracheedn es Huuserbaa naafzischd
Zum Hemmerdgroong widder nausgrauschd
Es Gfries aafgradzd
Drommlfell zerbladzd
Ausverseeng a Gnallerbsn gschnulld
Es Maul verkulld
Verbrennde Hoor
A xunds neis Joohr

Textnachweis

Folgende Texte erscheinen hier erstmals in Buchform: »Hegel, die Weltseele und der Wurm«, »Hochteutsch«, »Fränkischer Frohsinn«, »Ein Walk durch die Bodschamber Street«, »Rote Liste (Lingua Franconica)«, »Ein fränkisches Gastmahl: Stadtworschd-Stopfer«, »Das große Freuen«, »Das fränkische Wirtshaus im Wandel der Zeiten«, »Wir bauen uns eine Hüpfburg«, »Auch der Kloß hat eine Seele«, »Requiem auf das Gunzenhausner Braustübla«, »Rohe Heringsschnerbfl«, »Der flüssigste Beruf der Welt«, »2. Diplomarbeit zum Fränkischen Bierfest«, »Fränkische Weltraumtomaten«, »Die Grill-Barddy«, »Liegt Göttingen in Franken oder in der Oberpfalz oder wo?«, »Brüssel, Brezen und der Bananen-Kühn«, »Der Schnitt«, »Fünf Seidlein sind fünf zu viel«, »Die Grill-Barddy II«, »… dann lieber doch nach Sommerach«, »Der Extrem-Franke unterwegs«, »Eines Tages im Zug nach Ebermannstadt«, »Im Namen des Herrn«, »Die Schnakenkreuzler von Gräfenberg«, »Brüderlich vereint«, »Vier Seidla Buttenheimer«, »Edz werd's Dooch«, »Vorra und so weiter«, »Nicht für die Schule lernen wir, sondern für nix und wieder nix«, »Ein evangelischer Kulturgreis«, »Söderla, willsd a Fodzn?«, »Lauter Verleumdungen«, »Allmächd naa!«, »In Jobst war die Grenze«, »Wo liegt Paderborn?«, »Das Eisenbahnergärtla«, »Weinzierlein ruft«, »Glück und Glas und die Deppen von der Post«, »1 300 Jahre Frankenschnellweg«, »Die Wendelsteiner Radler-Schnalze«, »Namen sind Überschall und Rauch«, »Die Pulverisierung der Fränkischen Schweiz«, »Ochsenköpfe«, »110 Jahre Welträtsel 1. FCN«, »Babbligg Bfliedsching«, »Das Kleeblatt hoch und Färdd bleibt Färdd«, »In der Weihnachtsbäckerei oder Lieber nach Nuschelberg«, »Zipfelmützengipfel«, »Heilige Tage«, »Das Schönste

auf der Welt«, »Kommt jetzt das Ganzjahres-Griskindla?«,
»Weise Weihnachten« sowie alle Gedichte.

Alle anderen Beiträge stammen aus den folgenden Bänden
und wurden teilweise überarbeitet. Abdruck mit freundli-
cher Genehmigung des Autors.

»Franken« aus: Steffen Radlmaier (Hrsg.), *Made in Franken –
Best of Mundart*, ars vivendi verlag, Cadolzburg 1997

»Wie es Mostviel einmal nicht zur Weltgeltung geschafft
hat oder Die beste Stadtwurst der Welt« und »Die drei
Volldeppen von Bieberach« aus: Kurt Neubauer (Hrsg.),
*Das wütige Heer am Walberla – Sagen aus der Fränkischen
Schweiz, Tümmel Verlag, Nürnberg 2009*

»Hoch über Georgensgmünd« aus: Straßenkreuzer e.V.
(Hrsg.), *Küchenkreuzer*, Nürnberg 2008

»Der Knapp'n Schorsch« aus: *Etzertla – Wendelstein gestern und heut'*, zusammengestellt von Horst Stanislaus,
Verlag Markt Wendelstein, Wendelstein 2008

»Der Wafflbeck« aus: Klaus Schamberger, *Ich bitte um
Milde, Band 16*, Sigena Verlag, Wendelstein 2009

»Nürnberg« aus: Manfred Bissinger (Hrsg.), *Merian Nürnberg*, Jahreszeiten Verlag, Hamburg 2007

»Wir Kahlfresser« aus: Haus der Bayerischen Geschichte
(Hrsg.), *Edition Bayern – Menschen, Geschichte, Kultur-
raum: Nürnberger Land, Ausgabe 11.* Verlag F. Pustet,
Regensburg 2014